Geld sparen
und clever reich werden

Wie Du in nur 12 Schritten und mit 67 außergewöhnlichen Spartipps finanzielle Freiheit erreichst, ohne verzichten zu müssen (selbst wenn Du wenig verdienst)!

von Christopher Klein

Bibliografische Information der Deutschen Nationalbibliothek
Die Deutsche Nationalbibliothek verzeichnet diese Publikation in der Deutschen Nationalbibliografie; detaillierte Daten sind im Internet abrufbar über: > http://dnb.dnb.de <

Für Fragen und Anregungen:
chris@klhe-verlag.de

Geld sparen und clever reich werden
1. Auflage, 2017
© by GbR: Christopher Klein & Jens Helbig
ein Imprint der GbR: Christopher Klein & Jens Helbig
Kirschgartenstr. 13
90419 Nürnberg

Copyright © 2017 by Christopher Klein - alle Rechte vorbehalten
Alle Rechte vorbehalten. Alle Texte, Textteile, Grafiken, Layouts sowie alle sonstigen schöpferischen Teile dieses Werks sind unter anderem urheberrechtlich geschützt. Das Kopieren, die Digitalisierung, die Farbverfremdung, sowie das Herunterladen z.B. in den Arbeitsspeicher, das Smoothing, die Komprimierung in ein anderes Format und Ähnliches stellen unter anderem eine urheberrechtlich relevante Vervielfältigung dar. Verstöße gegen den urheberrechtlichen Schutz sowie jegliche Bearbeitung der hier erwähnten schöpferischen Elemente sind nur mit ausdrücklicher vorheriger Zustimmung des Verlags und des Autoren zulässig. Zuwiderhandlungen werden unter anderem strafrechtlich verfolgt!

Buchsatz: Christopher Klein
Lektorat & Korrektorat: Carola und Friedhelm Klein, Andreas Höhne, Jens Helbig, Bastian Back, Matthias Klarl
Cover: Stefan Valerio Meister → www.stefanvaleriomeister.de/

ISBN-13: 978-3-947061-00-6

Weitere Informationen findest Du unter
https://www.amazon.de/-/e/B00LPWD4VY (Shop)
Besuche auch gerne unsere Webseite unter www.klhe-verlag.de

Inhaltsverzeichnis

1. Geldsorgen sind vollkommen überflüssig   5

2. Was Du davon hast, Dich mit dem Thema Geld zu befassen   11
   - 2.1 Das Warum kommt vor dem Wie   12
   - 2.2 Vom Selbstzweck zum Mittel zum Zweck   14
   - 2.3 Geld, alte Muster und Selbsterkenntnis   15

3. Die Philosophie des Geldes   16
   - 3.1 Was ist Geld überhaupt?   17
   - 3.2 Geld als Katalysator in der kaum bekannten Geld-Zeit-Relation   20

4. Die Psychologie des Geldes und wie Du die Kontrolle über Dein Geld zurückerlangst   23
   - 4.1 6 ungewöhnliche Tipps für die richtige Einstellung zum Geld   25

5. Diese beiden finanziellen Grundgesetze entscheiden, ob Du arm oder reich wirst   35
   - 5.1 Finanzielles Grundgesetz # 1   36
   - 5.2 Finanzielles Grundgesetz # 2   38
   - 5.3 Wofür geben wir unser Geld aus?   41

6. Das Haushaltsbuch - ein lukrativer Nervtöter?   44
   - 6.1 Warum Du ohne Haushaltsbuch scheitern wirst   45
   - 6.2 So machst Du das Beste aus Deinem Haushaltsbuch   49

7. Ausgaben planen und klare Ziele haben   51

8. Wie Du Budgetfallen mit diesen 8 außergewöhnlichen Spartipps vermeidest   54
   - 8.1 Finanzieller Minimalismus: Es geht auch ohne Einschränkungen   56
   - 8.2 Hunderte Euro sparen, durch weniger Miete   59
   - 8.3 Profitiere von der Share Economy   61
   - 8.4 So reduzierst Du Deine Getränkekosten extrem   63
   - 8.5 Gebraucht: Sogar besser als neu?   65
   - 8.6 Kluger Konsum mit dem Klopapier-Prinzip   67
   - 8.7 Extrem günstig reisen und zugleich mehr erleben?   69
   - 8.8 Laufende Verbindlichkeiten reduzieren   72

9. 59 weitere, wirklich praktikable Spartipps für den Alltag   84

10. 11 außergewöhnliche Spartools für den Alltag   96

11. Bonus-Kapitel: Die Buddha-Spar und Investitionsregel   100

     11.1 Der erste Teil des Einkommens ist für Dich gedacht   101
     11.2 Teil zwei dient als Polster   101
     11.3 Teil drei fließt in Dein Geschäft   102
     11.4 Spende Teil Vier   103

12. 5 ultimative Motivationstipps und -Tricks   104

     12.1 Erinnere Dich an das Warum   105
     12.2 Erstelle Deine Morgenroutine   105
     12.3 So erhältst Du unbegrenzte Motivation   106
     12.4 Nutze korrekte Autosuggestion   107
     12.5 Belohne Dich   108

13. Das Ende vom Anfang   109

1. Geldsorgen sind vollkommen überflüssig

*„Die Kunst ist nicht, Geld zu verdienen,
sondern es zu behalten."
~ Holländisches Sprichwort*

Du weißt, dass etwas schief läuft, wenn zum Ende des Geldes noch zu viel Monat übrig ist. Nicht sehr viel besser ist es um Deine Finanzen bestellt, wenn mal wieder ein Monat vergeht, in dem Du es nicht geschafft hast, Geld zur Seite zu legen. Doch die banale Pauschallösung „einfach mehr zu verdienen" ist nicht nur selten (und im gebotenen Zeitfenster) realisierbar, sondern in der Regel gar nicht die Wurzel des Problems. Die Ursache versteckt sich vielmehr in zu hohen Ausgaben bzw. einem Lebensstandard, den wir uns eigentlich gar nicht leisten können. Und das, obwohl doch jeder die trivialen Spartipps, wie die Hände kalt zu waschen oder zu Duschen statt zu Baden, kennt! Meiner Erfahrung nach ist die Frage daher eine ganz andere:

Warum fruchten sie nicht oder weshalb halten wir uns nicht an sie?

Der Mensch ist ein Gewohnheitstier. Gewohnheiten definieren, was wir tun und somit auch, wer wir sind. Solange wir unsere Gewohnheiten in Bezug auf unsere tagtäglichen (finanziellen) Verhaltensmuster nicht verändern, ist es daher absolut vermessen, andere Resultate zu erwarten. Gerade was den Umgang mit Geld und persönlichen Finanzen angeht, sollten wir uns den Weg deshalb so einfach wie möglich machen und bereit sein, neue Gewohnheiten zu bilden.

Diese Erkenntnis hat mich viele Jahre und auch einige Nerven gekostet.

Heute weiß ich, dass dieses Dilemma mehr Menschen betrifft, als allgemein bekannt ist. Nicht zuletzt deshalb, weil es sich dabei noch immer um ein Tabuthema handelt. Der Spruch „über Geld spricht man nicht" ist typisch deutsch. Genau deshalb habe ich dieses Buch geschrieben. Es soll ein Segen für all jene sein, die wirklich Geld sparen, ihren Geldfluss endlich in den Griff bekommen und auf diese Weise nachhaltig ein Vermögen aufbauen wollen (und das alles, ohne viel Zeit investieren zu müssen oder Großverdiener zu sein). Ich weiß, dass die Strategie aus diesem Buch zu 100% funktioniert. Ich selbst bin auch kein Donald Duck und trotzdem bleibt mir am Ende des Monats meistens sogar mehr als Freunden und Bekannten, die das Doppelte oder Dreifache verdienen.

Wenn Du den Anweisungen in diesem Buch folgst, wirst Du in nur 12 Schritten ein kleines Vermögen einsparen, Deine Finanzen ganz nebenbei extrem aufbessern (zum Teil sogar automatisiert) und Dich um die wirklich wichtigen Dinge in Deinem Leben kümmern können, denn:

Geldsorgen müssen nicht sein und niemand muss sie haben!

Als Volkswirtschaftler (M. Sc.) beobachte ich schon seit langem die Entwicklungen, gerade in mikroökonomischen Bereichen. Unter der Mikroökonomie versteht man die Wissenschaft vom Haushalt als Wirtschafts- und Marktteilnehmer. Der stark theoretischen Ausbildung zum Trotz, stand für mich an dieser Stelle jedoch immer die praktische Anwendbarkeit im Vordergrund. Denn ganz ehrlich: Wem macht es schon wirklich Spaß, sich täglich mit seinen privaten Finanzen zu beschäftigen? Ich kenne niemanden. Selbst jene, die in ihrem Beruf jeden Tag mit Zahlen und Kalkulationen zu tun haben (und diesen zum Teil sogar gerne ausüben) klagen, wenn sie sich abends hinsetzen müssen, um Belege zu archivieren. Es ist also keine Schande, wenn man keine Lust darauf hat. Blöd nur, wenn man sich deshalb nicht mit den eigenen Finanzen, und insbesondere den zahlreichen Einsparpotentialen im täglichen Leben beschäftigt. Damit beschreitet man nur eines: den sicheren Pfad immer ärmer zu werden und sich von immer mehr persönlichen Zielen verabschieden zu müssen.

Aber weshalb entgleiten Dir Deine Finanzen ständig?

Aus meiner Sicht liegt das größte Problem, weshalb sich die Schere zwischen Arm und Reich immer weiter auseinanderdividiert, neben einem problematisch konstruierten Geldsystem, in einer mehr als mangelhaften Geld(aus)Bildung. Der Bereich Finanzen wird in der Schule völlig ausgeblendet. Höchstens über das im Allgemeinen verhasste Fach Mathematik, kommt man hier oder da, mit dem Thema Geld in Berührung. Doch was es tatsächlich ist, wie es funktioniert, wie man es verwenden kann und was man im täglichen Umgang unbedingt vermeiden sollte, darauf wird nicht eine einzige Unterrichtsstunde investiert - völlig egal in welcher Bildungseinrichtung! Ja, nicht einmal an der Uni oder Hochschule werden praxisorientierte Strategien oder Möglichkeiten gelehrt, die das abstrakte Werkzeug Geld bietet und wie man sein Leben damit auch verpfuschen kann. In diesem Buch geht es mir deshalb um eine gesamtheitliche Betrachtung der Thematik, die aus meiner Sicht, bei den meisten Ratgebern deutlich zu kurz kommt. Denn erst, wenn man das große Ganze versteht, so meine Erfahrung, sind Spartipps und Tools wirklich anwendbar und auch (langfristig) wirkungsvoll.

Für mich steckt hinter diesem Mysterium System. Würde die breite Mehrheit nämlich verstehen, wie sie Geld zu ihrem (und nicht ständig zu Anderer) Vorteil einsetzen könnte, stünde ihr plötzlich sehr viel mehr Freiheit und Freizeit zur Verfügung! Sie könnte sich dann auch der Weiterentwicklung der eigenen Persönlichkeit widmen und versetzt sich in der Lage, sich tatsächlich von der Herrschaft des Geldes zu befreien. Und nichts verängstigt die oberen Zehntausend mehr..!

Das ist ein weiterer Grund, weshalb ich dieses Buch geschrieben habe.

Es macht mich schon lange traurig, dass sich die meisten Menschen - lediglich aufgrund mangelnder Geldbildung - in der Entfaltung ihrer Potentiale einschränken lassen (müssen). Dabei ist die Entwicklung und Ausübung einzigartiger Talente und Fähigkeiten der Master-Schlüssel zu einem glücklichen, erfüllten und nicht zuletzt auch finanziell erfolgreichen Leben! Wenn wir uns aber vom Geld beherrschen lassen und ihm nicht den Stellenwert beimessen, den es gebietet, dann berauben wir uns selbst unserer Möglichkeiten. Ein Dilemma und eine Tragödie zugleich.

Ich denke nämlich, dass wir alle auf diesem Planeten sind, um uns, und unsere Fähigkeiten, zu unserem vollen Potential auszuleben. Dies würde die Welt tatsächlich tiefgreifend verändern und zu einem besseren Ort machen. Als Beweis genügt schon ein Blick auf diejenigen, die diesen Pfad verfolgen. Sie machen, was Sie unbedingt machen wollen, weil sie fühlen, dass es ihre Bestimmung ist. Und ich bin mir sicher, dass auch Du mindestens eine Stärke, ein Talent, oder eine Fähigkeit besitzt, die absolut einzigartig ist und nur darauf wartet, ausgelebt zu werden.

Solange Du jedoch im täglichen Hamsterrad von immer mehr Arbeit und immer weniger Geld gefangen bist, ist es kaum möglich, diesen Weg zu beschreiten. Dabei ist es so einfach, die eigenen Finanzen in den Griff zu bekommen!

Während der letzten Jahre habe ich deshalb ein System entwickelt, dass jedem dazu verhilft, mit einer kleinen anfänglichen Zeitinvestition, die eigene Finanzsituation in den Griff zu bekommen. Das versetzt Dich in die Lage, Dir ein größeres Vermögen ein- und anzusparen. Diese Strategie ist eine Symbiose aus tausenden Seiten primär- und sekundärwissenschaftlicher Literatur, unendlichen Sachbüchern zum Thema, nächtelangen Internetrecherchen und last but not least, erprobter Selbsterfahrung. Mit diesem Buch sparst Du Dir diesen langwierigen Prozess und profitierst von den ausschließlich auf Anwendbarkeit und Effizienz optimierten praktischen Schritten.

Nach der Lektüre dieses Buches wirst Du in der Lage sein, Deine Finanzen mit minimalem Zeitaufwand zu managen und Deine Einkommenssituation deutlich zu verbessern. Damit wird Zeit frei, die Du für die Dinge verwenden kannst, die Dir wirklich am Herzen liegen. Ob ausgedehntes Reisen, die Ausübung Deiner Hobbys, mehr Zeit mit der Familie, das Aufbauen der eigenen Selbstständigkeit oder die Verwirklichung lange gehegter Herzensprojekte. Dies bestätigt mir Jeder, der diese Schritt-für-Schritt Anleitung konsequent angewendet hat. **Dein investiertes Geld wirst Du mit diesem Buch schon in der ersten Woche mehrfach wieder einsparen.** *Dies nicht zuletzt mit einigen außergewöhnlichen Spartipps und unbekannten Tools (Werkzeugen), die Dein finanzielles Leben extrem vereinfachen!*

Alles was Du dafür tun musst, ist dieses Buch zu lesen und die darin vorgestellten Konzepte, Prinzipien und Strategien konsequent anzuwenden. Wenn Du allerdings keine Lust haben solltest, dafür Zeit aufzuwenden, ist dieses Buch wahrscheinlich nichts für Dich. Wenn Du Dein finanzielles Leben aber wirklich verändern und in die Hand nehmen willst, dann solltest Du nun weiterlesen und gemeinsam mit mir durchstarten. Du wirst nicht nur nie wieder Geldsorgen haben, sondern Deine freie Zeit in nur wenigen Monaten vervielfachen können. Denn die Strategien und Tipps in diesem Buch funktionieren wirklich! Also, lass' uns die Kontrolle über Dein finanzielles Leben zurückerlangen und ein Leben kreieren, dass Dich finanziell und damit auch zeitlich frei macht, damit Du endlich Deinen Wünschen nachjagen und ein erfülltes Leben führen kannst. Für diesen Weg wünsche ich Dir Durchhaltevermögen und Resultate, die Du niemals für möglich gehalten hättest!

Bonus: Kostenloses Haushaltsbuch

Bevor wir loslegen, möchte ich Dir an dieser Stelle mein Haushaltsbuch zum kostenlosen Download anbieten. Du wirst es in Kapitel 5 benötigen. Keine finanzielle Sanierung kommt ohne aus und wer es einmal geführt hat, wird nie wieder darauf verzichten wollen. Dieses Haushaltsbuch ist eine verknüpfte Excel-Datei, die Dir ermöglicht, Deine Ausgaben zu analysieren und zu vergleichen. Wieso das so wertvoll ist und wie Du welche Einsparpotentiale findest, erfährst Du im Laufe dieses Buches. Darüber hinaus schicke ich Dir nach dem Download noch einige weitere wertvolle Tipps und Tricks zu, die den Effekt dieses Buches bestimmt vergrößern.

Gib also einfach folgenden Link in Deinen Browser ein und lade Dir das kostenlose Haushaltsbuch herunter.
Link: www.geldsystem-verstehen.de/kostenloses-Haushaltsbuch

2. Was Du davon hast, Dich mit dem Thema Geld zu befassen

„Das Geld, das man besitzt, ist das Mittel zur Freiheit,
dasjenige, dem man nachjagt, das Mittel zur Knechtschaft."
~ Jean-Jacques Rousseau

Geld ist wichtig. Jeden Tag nutzen wir es und trotzdem weiß kaum jemand was es ist, wo es herkommt, wofür man es verwenden kann, was man damit nicht tun sollte und genauso wenig, warum Einige mehr haben als Andere. Die meisten Geldprinzipien sind noch immer so gut wie unbekannt und das in einer Gesellschaft, in der sich alles um das Geld und die Wirtschaft dreht!

2.1 Das Warum kommt vor dem Wie

Die Beschäftigung mit dem Geld bedarf etwas Durchhaltevermögen und kann durchaus auch mal frustrierend sein. Deshalb ist das Warum so viel wichtiger als das Wie! Bevor ich Dich daher in praktische Strategien und ungewöhnliche Tipps einweihe, ist es wichtig, Dein Warum zu erkunden. Solange Du weißt, weshalb Du diesen Prozess gehst, wirst Du ihn auch an einem Tag verfolgen, an dem Du möglicherweise auch mal keine Lust darauf hast. Ganz einfach, weil am Ende Deines Weges ein sehr lohnendes Ziel steht.

Warum also möchtest Du Deine Finanzen in den Griff bekommen, Geld sparen und reich werden bzw. ein Vermögen aufbauen?

Nimm Dir für die Beantwortung dieser Frage einige Minuten Zeit und brainstorme. Nimm Zettel und Stift zur Hand und schreibe - ohne logisch nachzudenken - einige Gründe auf. Bitte überspringe diesen ersten Schritt nicht gleich, sondern befolge ihn. Er kostet Dich nicht mehr als 5 Minuten, verschafft Dir wichtige Klarheit über Deine Ziele. Ziele, ob finanziell oder anderer Lebensbereiche, derer Du Dir vorher möglicherweise noch gar nicht bewusst warst. Lasse Deinen Gedanken und Inspirationen einfach freien Lauf. Das heißt, filtere sie nicht, sondern schreibe alles nieder, was Dir spontan in den Sinn kommt. Los geht's!

Hoffentlich ist Dein Blatt Papier nach einigen Minuten randvoll mit interessanten Ideen und Gedanken. Wenn Du Dir nun Deine Gedanken ansiehst, wirst Du vermutlich feststellen, dass es sich bei fast allen Ideen nicht direkt um finanzielle Ziele handelt. Deine Ziele sind in der Regel erst in zweiter Linie, indirekt, finanzieller Natur.

Einige meiner Ziele waren zum Beispiel:

- Ich möchte ortsunabhängig arbeiten können.
- Ich möchte keinen finanziellen Stress mehr haben.
- Ich möchte genug Geld zur Verfügung zu haben, um mir die Dinge leisten zu können, auf die ich Lust habe (übertrieben dem Konsumismus verfallen war ich allerdings noch nie).
- Ich möchte Reisen. So oft und so viel wie möglich.
- Ich möchte einen gesunden Lebensstil pflegen (Ernährung, Freizeit & Fitness).
- Ich möchte keinen Arbeitsstress mehr haben.
- Ich möchte anderen Menschen (auch finanziell) helfen können.
- Ich möchte meine eigenen Projekte verwirklichen können.
- Ich möchte mehr Freizeit haben, und zwar auch dann, wenn ich sie mir spontan nehmen möchte.

Das sind nur einige wenige Ideen. Sicherlich hast Du auch die ein oder andere davon bei Dir auf dem Zettel, oder kannst Dich zumindest mit ihnen identifizieren. Bei der Analyse wird schnell klar, dass die meisten Ziele indirekt immer finanzieller Natur sind. Allein deshalb, weil sie sich ohne das nötige Kleingeld gar nicht realisieren ließen. Natürlich kann man für weniger Arbeitsstress sorgen, wenn man auf einen Teilzeitjob zurückschraubt, aber auch nur dann, wenn man sich die damit einhergehenden Lohneinbußen leisten kann. Ähnlich verhält es sich mit der Gesundheit. Ein gesunder Lebensstil mit gesunden Lebensmitteln kostet in der Regel mehr Geld. Dabei ist „Stress" der entscheidende Faktor für viele Ziele. Die Verringerung von Stress, egal ob Arbeit oder persönliches Umfeld, ist essentiell für ein gesundes, glückliches, erfülltes, produktives, kreierendes Leben.

2.2 Vom Selbstzweck zum Mittel zum Zweck

Wenn Du nun Deine Ziele analysierst, wirst Du bei den meisten innehalten und feststellen, dass sie ohne Geld einfach nicht realisierbar sind. Damit kommt dem Geld ein anderer, deutlich wichtigerer Stellenwert zu. *Statt Selbstzweck zu sein, wird es zum Mittel zum Zweck. Es ist das Mittel, um viele Deiner persönlichen und beruflichen Ziele überhaupt erreichen zu können.* Vor diesem Fakt solltest Du die Augen nicht verschließen. Stattdessen ist es clever, dem Geld genau den wichtigen Stellenwert beizumessen, den es durch unser Geld- und Wirtschaftssystem zugewiesen bekommen hat (dazu später mehr).

Dieser Erkenntnisprozess kommt einem Eingeständnis gleich - und das ist nicht einfach! Auch ich habe eine ganze Zeit gebraucht, nicht zuletzt aufgrund alter und negativer Glaubensmuster gegenüber dem Geld (auch dazu später mehr), Geld als etwas Positives, als das Mittel zur (schnelleren) Erreichung meiner Träume und Ziele, anzuerkennen. Folgende Sichtweise hat mir auf diesem Weg enorm geholfen:

Wenn etwas hart ist und Du so gar keine Lust darauf hast, dann ist es in aller Regel besonders wichtig und sollte so schnell wie möglich angegangen werden.

Genau dann bedarf es in aller Regel all meiner Aufmerksamkeit, Beachtung, Selbstreflexion und häufig auch der Veränderung einer alten Gewohnheit. Weg von „es ist hart und ich habe keine Lust darauf, also vermeide ich es" hin zu „es ist hart? Dann ist es besonders wichtig und das Endresultat sicherlich ganz besonders wertvoll, also gehe ich die Herausforderung jetzt sofort an!"

2.3 Geld, alte Muster und Selbsterkenntnis

Du wirst im Laufe dieses Buches noch häufiger feststellen, dass Du im Zusammenhang mit dem, gerade beim „kleinen Mann" negativ besetzten Thema, „Geld", häufiger auf Muster stoßen wirst, die Du auch in anderen Lebensbereichen wiederfindest. Geld ist in vielerlei Hinsicht ein Musterbeispiel für den Weg der (Selbst)Erkenntnis. Wer seine mentalen Blockaden gegenüber dem Geld durchschaut, vollzieht nach meiner Erfahrung auch immer einen Quantensprung in Sachen Persönlichkeitsentwicklung. Diese wirkt sich dann häufig auf viele andere Lebensbereiche positiv aus. Insofern ist dieser Ratgeber sehr viel mehr, als eine einfache Anleitung Geld ein- und anzusparen, um reich zu werden. Er wird Dir aufzeigen, wie Du das Thema Geld nutzen kannst, um Dir auch in anderen Lebensbereichen Klarheit zu verschaffen.

Diesen Weg wirst Du im folgenden Kapitel bereits sehr viel deutlicher erkennen können. Wir betrachten nämlich zunächst die Philosophie des Geldes (Was ist Geld?), anschließend die Psychologie des Geldes und widmen uns erst im Anschluss konkreteren Gründen, weshalb Du Dich in einem finanziellen Dilemma befindest, oder nicht von der Stelle zu kommen scheinst (und Deine Ziele, statt näher, in immer weitere Ferne rücken).

3. Die Philosophie des Geldes

*„Viele Menschen geben nicht auf ihr Geld acht, bis es fast zu Ende ist,
und andere tun genau das Gleiche mit ihrer Zeit."*
~ Johann Wolfgang von Goethe

Bevor wir uns eingehender ganz konkret mit dem Thema „Geld sparen" beschäftigen können, müssen wir erst einmal wissen, was Geld überhaupt ist. Geld ist nämlich sehr viel mehr als ein abstraktes Tauschmittel. Als Volkswirtschaftler und Co-Autor des Bestsellers *„Tag auf Tag im Hamsterrad: Wie das Wirtschafts- und Geldsystem funktioniert und uns zu Hamstern macht"* habe ich mich mit diesem Thema lange und eingehend beschäftigt. Viele der gewonnenen Erkenntnisse sind noch heute - selbst in der akademischen Wirtschaftswissenschaft - weitgehend unbekannt.

3.1 Was ist Geld überhaupt?

Grundsätzlich ist es natürlich korrekt: Geld ist ein einfaches, abstraktes Tauschmittel. Über Jahrtausende hat sich Geld in seiner heutigen Form gegenüber anderen Tauschformen, wie dem Naturalientausch, Edelmetallen oder geprägten Münzen durchgesetzt.

Die Frage ist allerdings: Warum?

Papier- bzw. Buchgeld ist deutlich einfacher, komfortabler und schneller tauschbar, als dies mittels Waren (Güter) untereinander, bzw. Edelmetallen wie Gold und Silber, möglich war. Trotzdem unterscheidet sich Geld in seiner heutigen Form noch in einem weiteren Punkt von den Tauschmedien vergangener Jahrhunderte und gar Jahrtausende. Es besitzt keinen intrinsischen Wert mehr. Als intrinsischen Wert bezeichnet man einen inneren, unabhängigen Wert, den ein Gut besitzt, weil man es auch unabhängig verwenden kann (z.B. Edelmetalle zur Schmuckherstellung, oder Naturalien wie Salz oder Zucker als Gewürz). Geld in seiner heutigen Form hat somit, einfach gesagt, gar keinen Wert mehr. Als mir das klar wurde, stellte ich plötzlich alles in Frage - vor allem mein Studium! Denn anders ausgedrückt besitzt Geld heute nur deshalb einen Wert, weil wir in das System vertrauen. Nur weil Du und ich bedrucktem Papier bzw. einigen digitalen Zahlen auf einem Bildschirm Vertrauen schenken bzw. einen Wert beimessen, kann man sich mit Geld Waren und Dienstleistungen aneignen.

Der **Soziologe Georg Simmels** hat bereits im 19. Jahrhundert auf dieses Paradoxon hingewiesen. Schon damals stellte er fest, dass Geld jenen Wert in einer Gesellschaft besitzt, den sie ihm gibt. Je wichtiger Geld für sie ist, umso wertvoller wird es und umgekehrt. Wir leben heute in einem System, das fast ausschließlich auf die Wirtschaft, und damit indirekt das Geld, ausgerichtet ist. Damit hat das Geld, vor allem in westlichen Gesellschaften, einen enorm hohen Wert (man vergleiche dies nur mit Naturvölkern, die gar kein Geld besitzen und auch gar nicht benötigen). Darüber hinaus besitzt das Geld mehrere „(Charakter)Eigenschaften", die es gegenüber allen anderen Waren und Dienstleistungen überlegen werden lässt. Diese Erkenntnis haben wir dem **Finanztheoretiker und Sozialreformer Silvio Gesell** (ebenfalls 19. Jahrhundert) zu verdanken. Einige davon beinhalten private, andere öffentliche Aspekte. Im Laufe der Jahre habe ich für das Geld sieben Eigenschaften festgestellt. Geld kann aus meiner Sicht..

- als Tauschmittel im Wirtschaftskreislauf fließen (öffentlicher Aspekt).
- als Wertaufbewahrungsmittel dienen und damit zum Spekulationsmedium werden (privater Aspekt).
- als (vertrauenswürdiges) Messmittel dienen (öffentlicher Aspekt).
- gegen Zins verliehen werden (privater Aspekt).
- nur von der Zentralbank geschaffen werden (vermeintlich öffentlicher Aspekt).
- Verteilungsinstrument (sozialer Gerechtigkeit) sein (öffentlicher Aspekt).
- Finanzielle Freiheit ermöglichen und Motivator sein (privater Aspekt).

Ohne nun zu sehr in die Geldtheorie einzutauchen wird Dir anhand dieser Aufzählung hoffentlich klar, dass eine Definition von Geld gar nicht so einfach ist und Geld deshalb, ganz egal in welcher Form, allen anderen Waren und Dienstleistungen grundsätzlich immer überlegen ist. Das wiederum beweist, weshalb (finanzielle) Freiheit ohne Geld kaum möglich ist und Du Dich mit dem Thema Geld unbedingt eingehender beschäftigen solltest. Und ich weiß, das ist nicht wahnsinnig spannend oder aufregend, aber unbedingt notwendig, wenn Du finanziell frei sein und ein Vermögen aufbauen willst.

3.2 Geld als Katalysator in der kaum bekannten Geld-Zeit-Relation

Damit nähern wir uns bereits einem ganz essentiellen Bereich. Über die Jahre habe ich einen etwas anderen Ansatz bzw. eine veränderte Sichtweise gegenüber dem Geld gewonnen. Obwohl extrem einfach zu verstehen ist, ist sie dennoch kaum jemandem bewusst. Für mich ist Geld vor allem aus zwei Aspekten heraus von Bedeutung:

- Es ist Katalysator, „Erleichterer" bzw. „Möglichmacher", sowie
- ein Äquivalent zu (freier) „Lebenszeit".

Als Katalysator bzw. „Erleichterer" ist Geld in der Lage mir Möglichkeiten zu eröffnen. Mit Geld kann ich mir Zugang zu Bildung verschaffen und viele meiner Träume und Wünsche sind ohne Geld einfach gar nicht realisierbar.

Daneben betrachte ich Geld aber vor allen Dingen als Recheneinheit für (freie) Lebenszeit. Benjamin Franklin prägte schon 1748 das scharfsinnige Zitat: **„Zeit ist Geld"**. Vor nicht allzu langer Zeit fügte der ehemalige uruguayische Präsident José Mujica (bis 01. März 2015 im Amt) diesen Worten eine philosophische Bedeutung hinzu, die meiner Meinung nach schon in Grundschulen gelehrt werden müsste. Er sagte:

„Um zu leben, braucht man Freiheit. Und um Freiheit zu haben, braucht man Zeit. Wenn ich mich um ein großes Haus kümmern muss, um dieses und jenes, dann bleibt mir doch keine Zeit mehr. Ich bevorzuge, so viel Zeit wie möglich zu haben, um das zu tun, was mir gefällt. Und das ist die Freiheit. Ich lebe so schlicht, um Zeit zu haben."

Beide Aspekte zeigen ganz eindeutig, dass Geld ein Mittel zum Zweck ist. Mit Geld ist man in der Lage sich (fast) alles anzueignen. Doch im Tausch für das Geld mussten wir in der Regel zunächst Lebenszeit investieren. Wir mussten für das Geld arbeiten, das wir anschließend gegen Produkte oder Dienstleistungen tauschen wollen. Auf dieser tiefsinnigen Ebene betrachtet tauschen wir also bei jedem Kauf in Wirklichkeit nicht Geld, sondern unsere Lebenszeit ein. Dies ist nur dann nicht mehr der Fall, wenn wir Geld passiv erwirtschaften (Geld also auch dann hereinkommt, wenn wir gerade nicht aktiv arbeiten, wie z.B. bei der Dividende einer Aktie oder Guthabenszinsen). Nun kommen wir zu der Crux an dieser Geschichte. Wenn wir uns darüber im Klaren sind, dass wir Lebenszeit für Geld eintauschen können, müssen wir auch die Kehrseite betrachten und hier beißt sich die Katze in den Schwanz. Wir sind nämlich umgekehrt betrachtet niemals in der Lage, Geld gegen Lebenszeit zu tauschen (ein weiterer kaum bekannter Vorteil des Geldes sogar gegenüber dem Leben). Für den Inhalt dieses Buches hat diese Betrachtungsweise gleich mehrere Implikationen:

- Je weniger Geld Du ausgibst (je mehr Du einsparst), umso weniger Lebenszeit gibst Du aus (für die Du zum Beispiel arbeiten musst).
- Je höher Dein Lebensstandard ist, umso mehr Lebenszeit musst Du für ihn aufbringen.
- Finanzielle Freiheit bedeutet somit die Maximierung von Lebenszeit (über das Medium Geld).
- Wenig auszugeben bedeutet, wertvolle Lebenszeit anzuhäufen.
- Unnötiger Konsum ist unnötige Verschwendung von Lebenszeit.
- Je mehr Geld Du am Ende des Monats zur Verfügung hast und ansparst, umso größer wird auf lange Sicht Dein Lebenszeit-Konto.

- Wahre Freiheit heißt also unbegrenzte Lebenszeit zu besitzen, die Dir niemand „rauben" kann.

Aus dieser Warte aus betrachtet scheint das „böse Geld" plötzlich in einem ganz anderen Licht, oder?

Ich hoffe sehr, dass die Erkenntnisse aus diesem Kapitel bei Dir eine Veränderung Deiner finanziellen Betrachtungsweise hervorrufen. Die Erkenntnis, dass Geld sehr viel mehr als nur ein Medium ist, um sich Dinge zu kaufen, sondern abstrakt gesehen an Dein Lebenszeit-Konto geknüpft ist, ist ungemein wertvoll. Dann fällt es nämlich leicht, sich über die wirklich wichtigen Dinge im Leben klar zu werden. Darüber, was man mit dem Geld überhaupt erreichen will und diese Ziele auch schriftlich festzuhalten.

Sobald Du beginnst, Geld als Äquivalent für Lebenszeit zu betrachten, wird sich Deine Einstellung dazu (und häufig auch Deine Konsumgewohnheiten) ändern. Deine Einstellung gegenüber dem Geld ist aber auch ganz entscheidend dafür, ob Du Geld hast und Geld ein- und anzusparen in der Lage bist. Genau darum, um Deine Geisteshaltung, kümmern wir uns im folgenden Kapitel.

4. Die Psychologie des Geldes und wie Du die Kontrolle über Dein Geld zurückerlangst

„Die, die ihr Geld zu schnell ausgeben, werden nie reich."
~ Honoré de Balzac

In diesem Kapitel wollen wir uns mit unseren individuellen Mustern und Gewohnheiten in Bezug auf das Geld auseinandersetzen. Die Betrachtungsweise, dass „Geld auch Zeit ist", bietet einen hervorragenden Startpunkt, uns auch mit der Psychologie des Geldes zu beschäftigen. Und keine Sorge, auch dieses Kapitel wird sehr viel kurzweiliger als vermutet und hält einige fundamentale Erkenntnisse für Dich bereit.

Wie Du bereits festgestellt haben wirst, ist Geld anders. Geld hat Gesetzmäßigkeiten, die sich nicht mit der Logik von Naturgesetzen vergleichen lassen. Ich denke, dass der Umgang mit Geld in der breiten Masse auch deshalb ziemlich verkorkst ist. Damit meine ich, dass der intuitive Umgang mit Geld in der Regel ins Verderben führt. Das liegt, wie eingangs bereits kritisiert, nicht zuletzt an der nicht vorhandenen Schulbildung. Es ist allgemein bekannt, dass Fakten und Hintergründe, über die keine Bildung vermittelt wird, häufig zu Vorurteilen führen. Dieses Dilemma ist in allen Lebensbereichen prävalent. Insbesondere beim Thema Geld führt es jedoch leider dazu, dass sich daraus ganze Gesellschaftsschichten zementieren.

Negative Glaubensmuster gegenüber dem Geld werden meistens von Generation zu Generation vererbt und nur selten oder sogar ein Leben lang nicht hinterfragt!

Sie entstehen außerdem durch Neidgefühle gegenüber jenen, die mehr zu haben scheinen - auch hier ohne wirklich objektiv zu hinterfragen, weshalb dies so sein könnte bzw. was man denn selbst zu tun in der Lage wäre, um ähnlichen Erfolg zu erreichen.

4.1 6 ungewöhnliche Tipps für die richtige Einstellung zum Geld

In diesem Kapitel wollen wir uns daher um Deine Muster, Gewohnheiten und Deine Einstellung gegenüber dem Geld widmen. Dieser Prozess ist zwingende Voraussetzung, um die praktischen Vorgehensweisen später zu nachhaltigem Erfolg zu führen.

1 Das Geld sagt Dir, was für Dich wichtig ist

Knüpfen wir noch einmal an der „Zeit ist Geld Relation" José Mujicas an. Auch wenn dieser Punkt etwas ungemütlich werden könnte, wird er Dir einiges über Dich lehren.

Die Kapitelüberschrift fragt eigentlich: Was ist für Dich wichtig? Die Antwort darauf lautet: Das Geld sagt es Dir.

Was soll das denn heißen? Nun, wenn Du Deine Konsumgewohnheiten, bzw. Deinen Umgang mit Geld, etwas genauer unter die Lupe nimmst, fällt Dir dabei etwas auf? Je nachdem welche Präferenzen Du in Deinem Leben hast, zeigen sich diese in Deinem Konsumverhalten. Du gibst Dein Geld (Lebenszeit) für jene Dinge aus, die Dir (das wird Dir zumindest von cleveren Werbeabteilungen suggeriert) wichtig zu sein scheinen. Weißt Du, wofür Du den Großteil Deines Geldes ausgibst? Etwa für Produkte, die weniger Notwendigkeiten (Grundbedürfnisse), als vielmehr (nicht notwendige) Wunschbedürfnisse sind? Fließt Dein Geld überwiegend in den Konsum von Produkten, ist klar, dass Konsum für Dich einen enorm wichtigen Stellenwert besitzt. Überspitzt gesagt könnte man schlussfolgern, dass Du Deiner freien (zukünftigen) Lebenszeit somit eine eher untergeordnete Rolle beimisst.

Wie eingangs erwähnt, kann diese Erkenntnis schmerzhaft sein. Ich möchte Dir damit aber die Augen öffnen und Deinen Selbstkonstruktivismus fördern. Es geht in diesem Prozess darum, Deinen Blickwinkel zu ändern und Dein Denken und Verhalten gegenüber dem Geld bewusster zu beobachten und aktiv zu hinterfragen!

2 Geld und Deine schädlichen Gewohnheiten

Mangelnde Geldbildung sorgt dafür, dass Geld fast immer mit negativen Denkmustern und Glaubenssätzen assoziiert ist. Der Mensch tut den Großteil dessen, was er tut, aus purer Gewohnheit. Fragt sich also, wodurch Gewohnheiten überhaupt erst entstehen!

Gewohnheiten sind ausschließlich die Folge vieler Wiederholungen und entstehen in der Regel durch die Kopie von Verhaltensweisen.

Das sollte uns aufhorchen lassen! Es bedeutet nämlich, je häufiger Du einen Gedanken oder eine Tätigkeit wiederholst, umso schneller wird diese zur Gewohnheit. Schon Aristoteles sagte:

„Wir sind, was wir wiederholt tun. Hervorragende Leistung ist daher keine einzelne Handlung, sondern eine Gewohnheit".

Ich könnte ihm nicht mehr zustimmen. Wenn Du Dich also immer wieder in immer ähnlichen problematischen Geldsituationen wiederfindest, dann handelt es sich mit großer Wahrscheinlichkeit um eine negative Gewohnheit, die Du Dir im Laufe der Jahre angeeignet hast. Auch ich hatte lange damit zu kämpfen. Damit sich also überhaupt etwas in dieser Hinsicht verändern kann, musst Du Deine Gewohnheiten im Zusammenhang mit Geld untersuchen.

Beantworte folgende Fragen für Dich ganz ehrlich:

- Gibst Du regelmäßig mehr aus, als hereinkommt?
- Denkst Du, wenngleich unterbewusst, schlecht über Geld oder Jene, die viel Geld besitzen?
- Gibst Du Dein Geld für Dinge aus, die Dich nur kurzfristig glücklich machen, Dir auf lange Sicht aber sogar schaden?

Noch vor einigen Jahren habe ich auf alle dieser Fragen mit „Ja" geantwortet. Erst nachdem ich meine Gewohnheiten in meinem Umgang mit dem Geld änderte, änderte sich plötzlich auch meine finanzielle Situation - und zwar im Eiltempo. Mehr dazu im zweiten Teil des Buches.

3 Das Dilemma von Geld und Glück anhand des Easterlin-Paradox

Bestimmt kennst auch Du den Aphorismus „Geld macht nicht glücklich, aber es beruhigt die Nerven". Leider ist dieser Spruch nur zum Teil richtig. Denn zahlreiche wissenschaftliche Studien haben ergeben, dass Geld, bis zu einem gewissen Betrag, erheblich zum Glücksempfinden beiträgt. An der Universität Princeton in den USA haben die Forscher und Nobelpreisträger Angus Deaton und Daniel Kahnemann 2010 herausgefunden, dass ein Jahresnettoeinkommen von umgerechnet ca. 60.000 Euro diesen Glückspunkt markiert. Menschen, die ein höheres Nettoeinkommen verzeichnen, sind weder glücklicher, noch empfinden sie weniger Stress. Bis zu diesem Betrag trägt allerdings jeder weitere Euro direkt proportional zu den Faktoren Zufriedenheit und Wohlbefinden bei. Umgekehrt gilt, dass diejenigen, die über ein besonders niedriges Einkommen verfügen, überproportional häufig unglücklich sind. Das ist ja auch vollkommen logisch. Wer seinen Alltag täglich mit finanziellen Sorgen zu bestreiten hat, dem fällt es sehr viel schwerer, glücklich zu sein.

Für unsere Zwecke ist konkrete Zahl 60.000 jedoch gar nicht so wichtig.

Schließlich gibt es auch Menschen, die mit wenig Einkommen einen zufriedenen und glücklichen Lebensstil leben, weil sie die grundlegenden Geldprinzipien verstanden haben. Auf der anderen Seite gibt es Großverdiener, die monatlich derart hohe Ausgaben zu bewältigen haben, dass auch sie in Geldsorgen stecken. Eines macht diese Studie jedoch ganz klar. Wer sich um seine Finanzen kümmert und keine Geldsorgen hat, ist generell deutlich glücklicher und zufriedener, als jener, die dies nicht tut!

Wenn man den Zusammenhang von Geld und Glück betrachtet, stößt man auch immer wieder auf das Easterlin-Paradox. Es bezieht sich auf den Grundtrieb des Menschen, nach mehr zu streben. Das Paradox geht auf den US-Ökonom Richard Easterlin zurück. Er hat in den 70er Jahren empirisch nachgewiesen, dass mehr Geld zwar glücklicher macht, dies allerdings nur innerhalb einer Gesellschaft: „Wer mehr besitzt als sein Mitbürger, sei in der Regel zufriedener", so die Aussage. Im Umkehrschluss sind Jene unzufriedener, die weniger haben als ihre Mitbürger. Sich mit Anderen zu vergleichen ist so gesehen ein weiterer Garant für Unglück im Zusammenhang mit Geld. Solange wir uns nämlich mit Anderen in Geldfragen vergleichen, werden wir immer jemanden finden, der mehr hat, besser damit umgeht, mehr einspart, minimalistischer lebt, mehr verdient, mehr einnimmt, usw. Die entscheidende Frage ist dabei jedoch, ob das für Dich und Deine persönliche Situation überhaupt eine Rolle spielt?

Natürlich nicht!

Entscheidend ist einzig und allein, dass Du einen Grad finanzieller Freiheit erreichst, der Dir erlaubt, Dir (und Anderen) Wünsche zu erfüllen und das Leben Deiner Träume zu leben. Ob

Dir dies mit einem Netto-Monatseinkommen von 1.000, 10.000 oder 100.000 Euro gelingt, liegt ganz bei Dir. Methoden und Strategien, dies auch mit einem geringen Einkommen zu realisieren gebe ich Dir in der zweiten Hälfte dieses Buches.

4 Warum Du achtsam mit Geld umgehen solltest (die Engel-Kurve)

Ich hoffe, dass Dir die ersten Kapitel vergegenwärtigt haben, weshalb es so wichtig ist, achtsam und bewusst mit Geld umzugehen. Am Medium Geld hängt nämlich sehr viel mehr, als lediglich die Möglichkeit, sich irgendwelchen „überflüssigen Ramsch" anzueignen. Diese Achtsamkeit gegenüber dem Geld hängt wiederum vor allem von Deinem Wissen über Geld und Deinen persönlichen (finanziellen) Zielen ab. Je mehr Du über Geld weißt und je präziser Du Deine (finanziellen) Ziele definierst, umso achtsamer wirst Du im Umgang mit Geld. Wenn Du Dich jedoch dem Geld gegenüber intolerant verhältst, wirst Du auch kein Bewusstsein dafür entwickeln. Die Charaktereigenschaften des Geldes sowie der grundmenschliche Trieb sorgen dann zwangsläufig dafür, dass Du in Geldschwierigkeiten gerätst.

Einer dieser menschlichen Triebe zeigt sich im Zusammenhang von Verdienst und Ausgaben. In der Volkswirtschaftslehre, speziell der Mikroökonomik, gehört die sogenannte Engel-Kurve daher zum absoluten Grundwissen. Sie hat mir bereits während des Studiums einen interessanten Fakt über mich, meine Familie, Freunde und Bekannte aufgezeigt. Die Engel-Kurve besagt, dass sich die Nachfrage eines Haushalts direkt proportional zu seinem Einkommen verhält.

Verständlich ausgedrückt heißt das, dass man umso mehr ausgibt und verkonsumiert, je mehr man verdient. Auch ich falle diesem Verhaltensmuster regelmäßig zum Opfer und muss mich der Achtsamkeit in Geldthemen immer wieder besinnen. Gerade dann, wenn es mal einen Monat besonders gut läuft.

Es gibt aber auch den gegenteiligen Fall. Menschen, die zu viel ausgeben, unabhängig davon, wie viel sie verdienen. Jene Personen also, die grundsätzlich immer mehr ausgeben, als sie einnehmen. Aus meiner Sicht gibt es auch hierfür verschiedene Erklärungsansätze.

Zum einen sind es häufig Gewohnheiten, die dieses Verhalten dominieren. Vor allem dann, wenn man seinen Lebensstandard im Laufe der Zeit an ein steigendes Einkommen angepasst hat und dann plötzlich, durch externe Umstände (z.B. einen Jobwechsel), weniger verdient. Nur Wenigen gelingt es dann, den über viele Jahre errichteten Lebensstandard wieder herunterzuschrauben und den neuen Gegebenheiten anzupassen.

Zum anderen fehlt aus meiner Sicht nicht selten auch ein Anreiz dafür, weniger auszugeben bzw. Geld ein- oder anzusparen. Man leistet sich Dinge, die man sich eigentlich nicht leisten könnte, ohne sich darüber nähere Gedanken zu machen (Stichwort Geldbildung).

Darüber hinaus gibt es auch viele Menschen, die sich ein Erscheinungsbild nach Außen hin aufgebaut haben, das ihnen bzw. ihrer finanziellen Situation gar nicht entspricht. Sie versuchen allerdings mit allen Mitteln, diesen Schein zu wahren, und halten deshalb an einem zu teuren Lebensstil fest. Ganz getreu dem Motto: *„Wir kaufen Dinge, die wir nicht brauchen, mit Geld, das wir nicht haben um Leute zu imponieren, die wir nicht mögen."* Dazu kommt das bereits angesprochene Prinzip „das Geld zeigt Dir, was Dir wirklich wichtig ist". Vielen ist Konsum schlicht wichtiger als die eigene finanzielle Situation, die eigene Gesundheitssituation, das Wohlbefinden, der Stresslevel oder ganz besonders die eigene (finanzielle) Freiheit und das Bewahren der Kontrolle über die Lebenszeit.

Wenn Du Dich in dem einen oder anderen Punkt wiedererkannt hast, keine Sorge. Das ist völlig normal. Ich selbst habe noch heute immer wieder damit zu kämpfen. Durch einen achtsamen Umgang mit Geld und die Methoden aus dem zweiten Teil dieses Buches habe ich es allerdings immer wieder geschafft, mich am eigenen Schopfe aus dem Schlamassel zu ziehen.

Und wenn mir das gelungen ist, dann kannst Du das mithilfe dieses Buches erst recht!

5 Warum Du ohne ein positives Geldbewusstsein scheitern wirst

Hast Du schon einmal etwas vom „Geldbewusstsein" gehört? Dabei handelt es sich um ein hochinteressantes Prinzip, das so etwas wie die pragmatische Essenz, der in diesem Kapitel vorgestellten Prinzipien, bildet. Als ich auf dieses Prinzip gestoßen bin, hat es mein Weltbild enorm beeinflusst. Es hat mir aufgezeigt, dass die Verbesserung meiner eigenen finanziellen Situation ohne eine deutliche Verbesserung meines Geldbewusstseins bzw. meines Blickwinkels gegenüber dem Geld vollkommen zwecklos ist. Genau deshalb habe ich diese ersten Kapitel dem eher technischen und praktischen Teil vorangestellt.

Neben der Wahrnehmung von Geld als universeller „Ermöglicher" und Äquivalent von Lebenszeit, möchte ich daher noch kurz auf negative Denkgewohnheiten, vor allem das weit verbreitete Mangeldenken in Bezug auf Geld, eingehen. Denn solange Dein (unterbewusstes) Denken vom Mangel beherrscht wird, ist es unmöglich, eine Umkehr einzuleiten. Ich behaupte keineswegs, dass ich dies bereits vollkommen überwunden habe. Schließlich handelt es sich hierbei bei den meisten von uns um tief verankerte Glaubenssätze, die wir uns ein Leben lang „eintrainiert" haben. Ich bin mir dieser Problematik allerdings bewusst und kann daher kontinuierlich daran arbeiten. Gerade im Bezug auf Geld sind negative Glaubenssätze omnipräsent. Aussagen wie *„Geld ist etwas schlechtes"* oder *„ich verdiene es nicht, reich zu sein"* sind typisch und blockieren den Weg in die finanzielle Freiheit. Solange Du Dich von diesen negativen Denkgewohnheiten beherrschen lässt, beherrscht Dich der Mangel. Damit einher geht, gerade in materiell relativ reichen westlichen Gesellschaften, das Gefühl, immer zu wenig zu haben. Jeder Mensch strebt nach Glück und in unserer Gesellschaft wird Glück häufig (zumindest zum Teil fälschlicherweise) mit Geld gleichgesetzt. Wenn wir uns nun ständig mit Anderen vergleichen, die mehr haben, fühlen wir uns schlecht und füttern zugleich ein Gefühl des Mangels in uns. Ein Mangelgefühl im Hinblick auf Geld führt allerdings nur zu mehr Mangel. Alles, was wir denken und fühlen verstärkt sich. Beginne also stattdessen ein Gefühl der inneren Fülle und des inneren Reichtums zu pflegen (zum Beispiel durch Visualisierungen und Affirmationen). Nur, wenn Du mit der Zeit das Gefühl des Mangels mit einem Gefühl der Fülle und des Überflusses ersetzt, verstärkst Du die praktischen Effekte dieses Buches und machst gemeinsame Sache mit der Kraft Deines Geistes.

Wir alle denken und handeln nämlich zu 99,9 Prozent in Übereinstimmung unserer Glaubenssätze. Wundert es Dich da, dass Du immer wieder Situationen erlebst, die den in Deinem Unterbewusstsein verankerten Glaubenssätzen, entsprechen? Frage Dich daher: Was ist gut an Geld und weshalb verdiene ich es? Denke dabei an Deine Ziele.

6 Warum und wie Du über Geld sprechen solltest

Damit Du Dir ein hilfreiches Geldbewusstsein erschaffen kannst, ist es essentiell über Geld zu sprechen. Es ist nicht verwunderlich, dass Studien herausgefunden haben, dass reiche Menschen sehr viel öfter über Geld sprechen als arme oder verschuldete. Diese scheinen vom Thema Geld verständlicherweise eher frustriert. Sie haben schlechte Erfahrungen gemacht oder sind meistens knapp bei Kasse und wollen dieses Thema daher nicht unbedingt wiederkäuen. **Wie soll allerdings Geld zu ihnen gelangen, wenn sie tatsächlich eine Abneigung gegenüber dem Geld hegen?**

Geld kann man aktiv anziehen oder es abstoßen. Das Leben ist eine sich selbst verstärkende Spirale. Ob die Selbstverstärkung jedoch positiver oder negativer Art ist, liegt ganz allein in unseren Händen! Daher ist es extrem wichtig, nicht nur positiv über Geld zu denken, sondern auch darüber zu sprechen - und zwar innerhalb der Familie oder einer Beziehung genauso wie mit Freunden. Je mehr Du über Geld sprichst, umso mehr wirst Du anziehen - das ist eine logische Konsequenz! Die Gesprächsthemen können sich von der gegenwärtigen finanziellen Situation, den (gemeinsamen) finanziellen Zielen, den gemeinsamen (finanziellen) Lebenszielen über die Einstellung gegenüber dem Geld bis hin zur Entscheidung über ein getrenntes oder gemeinsames Bankkonto erstrecken. Gerade in Deutschland scheint das jedoch noch immer ein Tabuthema zu sein.

Ich gehe sogar noch einen Schritt weiter. Meine Erfahrung hat gezeigt, dass beim Sprechen (und Denken) über Geld eine Veränderung der Formulierungen einen unglaublichen Wandel erzeugen kann. Anstatt „Geld zu verdienen" habe ich begonnen „Geld bekommen" zu sagen. Während das Wort „verdienen" nicht nur Arbeit voraussetzt, sondern auch indirekt fragt, ob man es überhaupt „verdient hat" Geld zu erhalten, ist die Formulierung „ich bekomme Geld" ausschließlich positiv. Sie geht aus dem Verb „kommen" hervor und impliziert, dass Geld auf ganz viele ganz verschiedene Arten und Weisen zu Dir gelangen kann und Du es Dir nicht erst zu verdienen brauchst!

Jetzt bist Du bereits auf einem hervorragenden Weg, Deine Finanzsituation von Grund auf zu verändern. Deine ersten Schritte werden, das wirst Du später feststellen, die schwierigsten und zugleich wichtigsten werden. Wenn Du die Erkenntnisse der ersten Kapitel allerdings konsequent befolgst, legst Du den Grundstein für ein finanziell freies und erfolgreiches Leben. Mit Deiner neuen Sicht-, Denk- und Sprechweise in Bezug auf Geld ist Dein (finanzielles) Ziel nun nur noch einen Katzensprung entfernt!

Dieser Prozess mag etwas esoterisch daherkommen, kann allerdings nicht hoch genug eingeordnet werden. Gefühle sind die Brücke zwischen Gedanken und Handlungen. Solange Du daher mit Geld negative Gefühle assoziierst, beeinflusst Du auch Deine Gedanken und Handlungen im Zusammenhang mit Geld negativ.

5. Diese beiden finanziellen Grundgesetze entscheiden, ob Du arm oder reich wirst

„Der Reichtum eines Mannes besteht aus der Anzahl der Dinge,
bei denen er sich leisten kann, sie nicht zu tun."
~ Henry David Thoreau

Es gibt einige finanzielle Grundregeln. Sie zu verstehen ist das A und O eines finanziell erfolgreichen Lebens. Interessanterweise sind diese Grundregeln weder komplex noch schwer zu verstehen und dennoch finden sie kaum Gehör und noch seltener Anwendung. Zwei davon nenne ich auch gerne die finanziellen Grundgesetze. Solange man sie einhält, führt man ein finanziell diszipliniertes Leben und kann gar nicht anders, als finanzielle Unabhängigkeit zu erreichen.

5.1 Finanzielles Grundgesetz # 1

Leider ist nur ganz wenigen Menschen klar, dass sie, auch wenn sie wenig verdienen, für ihre Verhältnisse vermögend werden können. Schließlich wird uns von allen Seiten immer wieder eingetrichtert, dass wir uns gar nicht erst bemühen sollen, das Thema der (persönlichen) Finanzen zu verstehen und erfolgreich zu bestreiten. Infolgedessen wird sogar ein fundamentaler Grundsatz, ohne den nicht einmal der Großverdiener, zu finanziellen Reichtum gelangen kann. Diese einfache Grundregel lautet:

Gib weniger aus, als Du einnimmst, bzw. nimm mehr ein, als Du ausgibst.

Diese Grundregel klingt trivial - ich weiß! Aber wenn man sich gewisse Statistiken, z. B. die Anzahl der verschuldeten Haushalte in Deutschland und ihre durchschnittliche Verschuldung betrachtet, wird rasch klar, dass selbst die Deutschen - vermeintliche Sparweltmeister - dieses Konzept nicht begriffen haben bzw. es vollkommen zu ignorieren scheinen.

Laut dem „Schuldneratlas 2014" der Wirtschaftsauskunftei „Creditreform" sind bundesweit 6,7 Prozent der Personen über 18 Jahre) überschuldet. Das heißt, dass ihre Schuldenlast so hoch ist, dass eine Rückzahlung unter gegenwärtigen Gegebenheiten (Einnahmen) unmöglich geworden ist. Bei ihnen türmen sich die Schulden (nicht zuletzt durch den dadurch hervorgerufenen Zinseszins) zu immer größeren Bergen auf. Somit kann derzeit jeder fünfzehnte Deutsche seine Verbindlichkeiten (mehr dazu im Anschlusskapitel) nicht mehr bedienen! Übrigens sind Männer doppelt so häufig überschuldet wie Frauen - so viel zu diesem Klischee!

Darüber hinaus sind ca. 10 Prozent der Deutschen, also jeder zehnte, verschuldet. Das ist gegenüber anderen Ländern wie den USA zwar gering, zeigt allerdings trotzdem ein großes Defizit in Sachen Geldverständnis. Die gesamtdeutsche private Verschuldung beläuft sich, auf alle Privathaushalte verteilt, auf über 8.000 Euro pro Haushalt. Du siehst also, dass es sich hierbei keinesfalls um ein abstraktes Problem handelt. Ganz im Gegenteil. Es ist lediglich ein Tabuthema, über das niemand (der verschuldet oder in der Politik tätig ist) zu sprechen wagt!

Verschuldung ist gleichbedeutend mit dem finanziellen Hamsterrad. Man entfernt sich immer weiter von der finanziellen Freiheit. Beginne also dieses Grundgesetz konsequent, Monat für Monat, zu beherzigen - so trivial das klingen mag! Damit Du hier schnellere Resultate siehst, erhältst Du später praktikable Anleitungen.

5.2 Finanzielles Grundgesetz # 2

Die zweite Grundregel ist nicht einmal dem Großteil der Wirtschaftsstudenten bewusst (das weiß ich aus eigener Erfahrung). Dieses Grundgesetz bezieht sich auf den Unterschied zwischen Vermögen und Verbindlichkeiten. Ihn zu kennen und sein Einkommen dementsprechend aufzuteilen bzw. zu investieren - und zwar konsequent, Monat für Monat - ist der elementare Unterschied zwischen Arm und Reich! Kurz und knapp gesagt kann man Verbindlichkeiten und Vermögen folgendermaßen unterscheiden:

Verbindlichkeiten kosten Geld. Vermögen bringen Geld ein.

Verbindlichkeiten sind (laufende) Kosten. Vermögen wiederum sind (laufende) Einnahmen aus Einkommensströmen, für die in der Regel keine zusätzliche Arbeit mehr verrichtet werden muss. Der wichtigste Ansatz, um Geld zu Sparen und reich zu werden, ist daher:

Minimiere Deine Verbindlichkeiten und maximiere Deine Vermögenswerte.

Auch das klingt trivial und trotzdem macht es kaum jemand. Und genau deshalb bezeichne ich sie als Geldgesetze. Wer sich nämlich nicht an Recht und Gesetz hält, wird in der Regel bestraft. Diejenigen, die dieses Geldgesetz aber beherzigen, sind (oder werden) finanziell frei! Das klingt logisch. Dennoch herrscht beim qualitativen Inhalt der Begriffe häufig Verwirrung. Häufig ist der Wunsch Vater des Gedankens. Die Mehrheit der Menschen nimmt nämlich fälschlicherweise an, sie sei vermögend. Bei genauerer Betrachtung entpuppt sich das vermeintliche Vermögen jedoch als eine oder mehrere versteckte Verbindlichkeiten. Viele Menschen bezeichnen z.B. ein Auto als Vermögen. In Wahrheit verstecken sich dahinter Verbindlichkeiten (Kosten) wie Steuern, Reparaturen, Versicherungen, Benzin etc. Typische Verbindlichkeiten sind:

- das Eigenheim (wenn nicht gerade in einer Gegend gebaut, wo die Immobilienpreise explodieren) sowie die monatlichen Nebenkosten.
- Miete
- Abonnements (Zeitungen, Magazine, Pay-per-View wie Sky oder Netflix, Handyverträge, Spotify, etc.)
- Kredite (vor allem Konsumkredite!)
- Monatliche Grundgebühren aller Art
- Girokonto mit Kontoführungsgebühren
- Steuern bzw. Steuernachzahlungen

Wahre Vermögensgegenstände hingegen bringen entweder laufend Geld ein oder halten ihren Wert, gemessen durch die Kaufkraft. Dazu zählen:

- Zinsen auf Sparguthaben, Tagesgeld, etc.
- Passive Einnahmen aus Lizenzen oder Tantiemen
- Einnahmen aus Aktiengewinnen oder Dividenden
- Passive Einnahmen aus Mieteinnahmen
- Passive Einnahmen im Internet (z.B. Affiliate Marketing)
- Passive Einnahmen durch Immobilienverkäufe, etc.

Wer diese Unterscheidung nicht kennt, wird niemals finanzielle Freiheit erreichen können. Auch dieser Erkenntnisprozess kann durchaus schmerzhaft sein. Deshalb solltest Du Dir einer Aussage unbedingt bewusst sein. Sie wird Dich garantiert motivieren, Deine finanzielle Situation in die Hand zu nehmen und zu verbessern:

Das während der Woche - im Tausch für wertvolle Lebenszeit - hart erarbeitete Geld wieder auszugeben, ist die sichere Strategie für lebenslange „Knechtschaft".

Finanziell freie Menschen tun genau das Gegenteil. Sie investieren einen Teil (manchmal auch Großteil) des hart erarbeiteten Lohnes oder Einkommens <u>schon am Monatsanfang</u> in Vermögenswerte! Sie legen ihr Geld also in Dinge an, die im Laufe der Zeit, mehr oder weniger unabhängig vom eigenen Aufwand, mehr Geld generieren. Sie nutzen damit die Vorzüge des Systems. Deshalb gilt es, Dich, zumindest in diesem Punkt, an den Reichen und finanziell freien Menschen zu orientieren:

Stecke weniger Geld in Verbindlichkeiten - dazu zählen in der Regel Konsumgüter, die man nicht zum Überleben benötigt - und investiere mehr Geld in Vermögensgegenstände - also Dinge, die Dir regelmäßig zusätzliches Geld zahlen bzw. einbringen.

Diese Erkenntnis kann nicht hoch genug eingeordnet werden. Denn selbst ein Rezeptionist, der über ein geringes Einkommen verfügt, kann reicher werden als ein Investmentbanker, solange er diszipliniert nach diesen finanziellen Grundgesetzen lebt. Ersterer mag ein deutlich geringeres monatliches Einkommen haben, aber moderat leben und Geld sparen, während der zweitere ein Vielfaches verdient, aber hohe (Konsum)Ausgaben verzeichnet und nichts zur Seite legt. Betrachtet man gerade die langfristige Wirkung des Zinseszinses, ist der Rezeptionist dem Banker schon in 10 Jahren uneinholbar davongezogen.

5.3 Wofür geben wir unser Geld aus?

Als Volkswirt wollte ich die Gründe verstehen, weshalb nur wenige Menschen diese beiden Grundgesetze einzuhalten scheinen. Daher habe ich untersucht, wofür die meisten Leute ihr hart erarbeitetes Geld ausgeben. Die folgende Grafik, in Anlehnung an die Daten des Statistischen Bundesamtes, verdeutlicht, dass ich mit meiner Behauptung Recht habe. Kaum jemand nutzt die Vorzüge des Systems, sondern die meisten bringen sich selbst in Schwierigkeiten und problematische finanzielle Situationen, und nur deshalb, weil sie die Grundgesetze 1 + 2 nicht beachten (wollen)! Die durchschnittlichen privaten Konsumausgaben eines Haushaltes lagen 2015 bei 2.391 Euro. Verkonsumiert wurde dieser Betrag folgendermaßen.

Haushalte verfügen im Durchschnitt über 3.208 Euro monat-

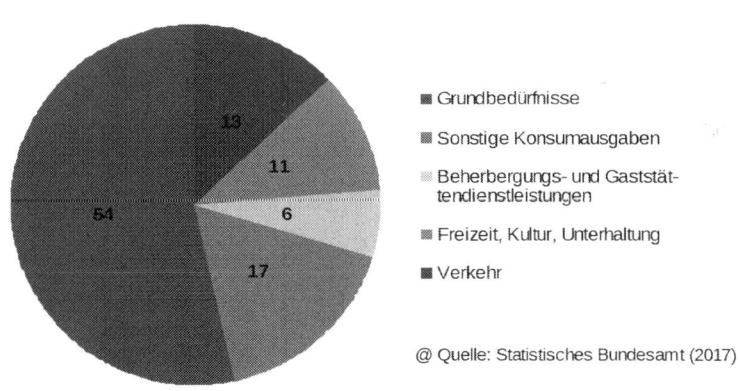

lich. Drei Viertel der Ausgaben entfallen auf Konsum. Es wird rasch deutlich, dass wir etwa die Hälfte unserer Konsumausgaben zur Deckung unserer Grundbedürfnisse aufwenden. Dazu zählen insbesondere Lebensmittel und Wohnen. Darüber hinaus sind Verkehr (Fortbewegung und Mobilität) sowie Freizeit & Kultur Kostenfaktoren, die nicht unwesentlich zu Buche schlagen. Im Durchschnitt spart der Deutsche ca. 9,7 Prozent seines Einkommens. Das ist (im Durchschnitt) ein guter Wert - zumindest im Vergleich zu anderen Ländern. Nichtsdestotrotz haben wir uns über die Jahrzehnte immer weiter vom Titel als „Spar-Weltmeister" wegbewegt. 1991 wurden beispielsweise noch knapp 13 Prozent gespart. Das zeigt zum einen, dass das Geld in der Geldbörse unter dem Strich, trotz steigender Produktivität und rasanter technologischer Weiterentwicklung nicht mehr, sondern immer weniger zu werden scheint. Obwohl die durchschnittlichen monatlichen Haushaltsnettoeinkommen gestiegen sind. Toll ist dennoch, dass die Meisten hierzulande, selbst in Zeiten extrem niedriger Zinsen, Geld zur Seite legen. Das ergab eine Studie der Bank of Scotland. 64 Prozent der Bundesbürger sparen regelmäßig, 26 Prozent gelegentlich und nur neun Prozent gar nicht. Anhand dieser Zahlen möchte ich Dir aufzeigen, welche Faktoren wichtig sind, um überhaupt reich werden zu Können und woran es im großen Querschnitt liegt, dass die meisten Menschen eben nicht finanziell frei sind.

Mehr einnehmen als ausgeben, Verbindlichkeiten zu reduzieren und Vermögenswerte zu maximieren sind die Grundregeln, die Deine finanzielle Zukunft entscheiden werden. So einfach ist das und dafür gibt es auch keine magische Pille..!

Alles ist abhängig davon, worin Du Dein Geld am Zahltag „investierst". Es stellt sich also vor allem am Monatsanfang die Frage: Unnötiger Konsum vs. Zukunft mit Freiheit. Um reich zu werden, musst Du nicht nur Geld einsparen, sondern auch Dein Investitionsverhalten ändern. Eine einfache Strategie für Anfänger gebe ich Dir in Kapitel 10 zur Hand.

Gleich werde ich Dir zwar außergewöhnliche Spartipps und Spartools zur Hand geben, tätig werden musst Du allerdings selbst. Ich kann nicht für jede Verbindlichkeit Möglichkeiten aufzeigen, wie Du diese senken kannst. Diesen Denkprozess musst Du, zumindest teilweise, ganz allein bewältigen (und wirst das, spätestens mithilfe des Haushaltsbuches, auch schaffen!). Du selbst musst konsequent genug sein, Deinen Lebensstandard Deinem Einkommen entsprechend anzupassen. Hier sind manchmal auch harte Maßnahmen gefragt. Aber negative Situationen benötigen eben auch harte, konsequente Maßnahmen.

6. Das Haushaltsbuch - ein lukrativer Nervtöter?

„Sparsamkeit besteht nicht daraus, Geld zu sparen, sondern darin, es klug auszugeben."
~ Thomas Henry Huxley

Nachdem Du nun den theoretischen Grundstein gelegt hast, kommen wir endlich zum zweiten Teil dieses Buches - der praktischen Verbesserung Deiner finanziellen Situation im Alltag. Und wenn Du die Tipps und Empfehlungen beachtest und einhältst, wirst Du dieses Ziel schon bald erreichen. Doch bedenke, dass es ein Prozess ist, der Zeit braucht. Die Empfehlung ein Haushaltsbuch zu führen mag zwar einfach und antiquiert klingen, wird allerdings Dein Leben verändern, selbst wenn Du denkst, Du seist bereits ein ziemlicher Sparfuchs!

6.1 Warum Du ohne Haushaltsbuch scheitern wirst

Immer wenn man etwas Neues beginnt, sollte am Anfang eine Analyse stehen. Sonst läuft man Gefahr draufloszulaufen, ohne ein (vorformuliertes) Ziel vor Augen zu haben. Sobald es dann zu Ungewöhnlichkeiten kommt, und das wird es, wird man ganz schnell aus der Bahn geworfen. Hat man aber ein klares Ziel vor Augen, kann man auf Hindernisse entlang des Weges reagieren und Nachsteuern. Außerdem motivieren Ziele und schaffen Klarheit.

Unsere erste Analyse muss deshalb unseren individuellen Konsumgewohnheiten bzw. der Verwendung unseres monatlichen Einkommens gelten. Wir müssen zuerst wissen, wie viel wir wo ausgeben, um überhaupt reagieren zu können. Dann können wir direkt beim größten Posten, der das größte Einsparpotential birgt, beginnen. Lade Dir daher jetzt das Haushaltsbuch herunter, solltest Du es noch nicht getan haben. Alternativ kannst Du natürlich auch ganz klassisch, wie Oma, mit Zettel und Stift arbeiten oder Dir eine App auf Dein Handy laden. Das ist sehr praktisch, weil Du unmittelbaren Zugriff darauf hast. Ich persönlich finde die App „Haushaltsbuch MoneyControl" sehr gut. Selbst mit der gratis Version kann man hier bis zu 20 Buchungen pro Monat kostenlos verwalten. Ich empfehle allerdings, Dir direkt die Vollversion zu kaufen. Die kostet nur €2,99 und ist ihr Geld wert. Mit der App kannst Du laufend Dein Budget verfolgen. Das ist gerade am Anfang von Vorteil. Ähnlich verhält es sich mit dem Excel-Haushaltsbuch. Darin habe ich die Einnahmen und Ausnahmen bereits gewissen Gruppen zugewiesen. Dadurch kannst Du sowohl Tages- als auch Monatsvergleiche durchführen und Deinen Fortschritt besser mitverfolgen. Ganz egal, welche Option Du nutzt, das A und das O eines Haushaltsbuches ist, es konsequent - ja täglich - zu führen. Es geht darum einen durchgängigen Überblick über die Ausgaben zu haben und ein Gefühl für Einsparpotentiale zu entwickeln.

Generell beinhaltet jedes Haushaltsbuch diese 3 Kategorien: Einkommen und sonstige Einnahmen; regelmäßige Verpflichtungen/Verbindlichkeiten/Ausgaben und unregelmäßige Ausgaben. Sie gilt es zu optimieren, sprich zu minimieren oder zu maximieren. In meinem Haushaltsbuch erfolgt die Aufteilung der Ausgaben in Anlehnung an die Bedürfnispyramide Abraham Maslows:

Grundbedürfnisse:
- Miete
- Strom + Heizen
- Lebensmittel
- Gesundheit
- Haushalt

Sicherheitsbedürfnisse:
- Haftpflichtversicherung
- Hausratversicherung
- Lebensversicherung
- Zinszahlungen von Krediten und/oder Darlehen
- Tilgungszahlungen von Krediten und/oder Darlehen
- KFZ-Versicherung + Kraftstoff

Bildungsausgaben:
- Kindergarten, Schulde (Kinder generell)
- Fortbildung

Soziale Bedürfnisse und Freizeit:
- Internet und Festnetz
- Handy + PayPerView Fernsehen
- Bücher, Zeitschriften, CDs, DVDs, etc.
- Elektro-Artikel (PC, Tablet, etc.)
- Urlaub und Reisen
- Sonstige Ausgaben im Internet
- Sonstiges (Vergnügen, Luxus)
- Spenden

Investitionen und Rücklagen:
- Aufbau eines Geldpolsters
- Wertpapiere
- Projekte (Crowdinvesting, P2P-Kreditvergabe, etc.)
- Immobilien
- Sonstige Wertgegenstände
- Altersvorsorge

Steuern:
- Einkommenssteuer
- Kapitalertragssteuer

Damit ist der Großteil der Ausgaben aufgeführt und bereits hilfreich kategorisiert. Die Einnahmen sind ebenfalls verschiedenen Kategorien zugeordnet:

Gehalt aus Arbeitszeit (Lohn + Einkommen)
- Lohn aus Angestelltenverhältnis (Haupt-Berufstätigkeit)
- Nebenjob 1
- Nebenjob 2
- Einkommen aus Selbstständigkeit

Zuschüsse durch staatliche Gelder:
- Wohngeld
- Arbeitslosengeld, Sozialhilfe, etc.
- Kindergeld, Elterngeld
- Bafög, Förderungen
- Steuererstattungen

Einkommen aus Investitionen:
- Tagesgeld, Sparbuch, etc.
- Dividenden aus Aktien
- Mieteinnahmen
- Sonstige Zinseinnahmen

6.2 So machst Du das Beste aus Deinem Haushaltsbuch

Ich bitte Dich nun um zwei Dinge.

1. Versuche jetzt, für die vergangenen 3 Monate, Dein Haushaltsbuch mit Zahlen zu füllen - so gut Dir das rückwirkend eben möglich ist. Das sollte anhand Deiner Kontoauszüge allerdings gerade bei den Größeren bzw. laufenden Ausgaben (sowie Einnahmen) durchaus zu bewerkstelligen sein. Gerade diese Posten müssen zu Beginn besonders intensiv unter die Lupe genommen werden.

2. Pflege Dein Haushaltsbuch von nun täglich. Es sind nämlich vor allem die kleineren Ausgaben des täglichen Konsumverhaltens, die es zu analysieren gilt. Denn viel Kleinvieh kann ebenfalls einen sehr großen Misthaufen fabrizieren. Und je mehr (gerade kleinere) Ausgaben (und Einnahmen) bei Dir auflaufen, umso schwieriger wird es, den Überblick zu behalten.

Mit dem Haushaltsbuch machst Du eine Bestandsaufnahme. Und bitte, überspringe diesen Punkt nicht, er ist enorm wichtig! Ohne ihn sind die folgenden Schritte nur halb so effektiv.

Mit dem Haushaltsbuch solltest Du rasch sehen, wofür Du Dein Geld ausgibst. Damit erkennst Du auch, was Dir derzeit besonders wichtig ist, bzw. zu sein scheint. An dieser Stelle gilt es vor allem Haushaltslöcher zu identifizieren und zu stopfen.

Betrachte Deine finanzielle Situation wie ein Boot. Je mehr Ausgaben (Haushaltslöcher) Du hast, umso schneller füllt sich Dein Boot mit Wasser (mit Ausgaben und Verbindlichkeiten). Dieses Wasser musst Du aus dem Boot schaffen, damit es sich nicht zu sehr mit Wasser füllt und untergeht. Du nimmst also einen Eimer und scheffelst das Wasser wieder auf den Ozean - diese Sisyphosarbeit steht sinnbildlich für Deine tägliche Arbeit für Lohn oder Einkommen. Je mehr und je größer Deine Ausgaben sind, umso mehr Löcher befinden sich in Deinem Boot und umso schneller musst Du das Wasser mit dem Eimer hinausschaffen. Du musst also immer mehr, immer länger und immer schneller arbeiten, um das Boot vor dem Sinken zu bewahren. Willkommen im Hamsterrad!

Dabei gäbe es auch einen ganz anderen Ansatz. Statt die Symptome zu bekämpfen, könntest Du ja auch einfach damit beginnen, die Löcher in Deinem Boot zu stopfen und damit an die Wurzel allen Übels zu gehen. Damit kannst Du schon im Vorfeld vermeiden, dass sich Dein Boot überhaupt mit Wasser (Ausgaben, Verbindlichkeiten und Schulden) füllt.

Mit dem Haushaltsbuch bekommst Du also einen genauen Einblick in Deine finanzielle Situation - den sogenannten Cashflow. Dieser spiegelt Deine Einnahme-Ausgabe Situation wider. Das erste Ziel muss sein, einen positiven monatlichen Cashflow zu erreichen (mehr einnehmen als ausgeben). Anschließend geht es darum, diesen positiven Cashflow zu maximieren. Bevor ich nun konkret auf Einspartipps eingehe, ist mir viel wichtiger, dass Du das dahinter steckende Prinzip der finanziellen Freiheit verstehst. Deshalb möchte ich, dass Du, nachdem Du Dein Haushaltsbuch für die vergangenen 3 Monate gefüllt und aktualisiert hast, drei Fragen kritisch, und zwar schriftlich, beantwortest.

- Wofür gebe ich (zu) viel Geld aus?
- Bei welchem Posten weiß ich, dass ich Geld einsparen kann?
- Was werde ich konkret tun, um an diesem Posten auch tatsächlich Geld einzusparen?

7. Ausgaben planen und klare Ziele haben

„Geld ohne Hirn ist immer gefährlich."
~ Napoleon Hill

Die letzte Frage ist die alles Entscheidende. Denn bevor ich Dir mitteile, wo Du Einsparungen machen kannst, muss eine Strategie bereitstehen, damit Du die Sparttipps auch tatsächlich in Deinen Alltag implementierst. Genau deshalb gilt es, im folgenden Schritt, eine Strategieplanung anzufertigen - und zwar anhand Deines Haushaltsbuchs.

Identifiziere also zuerst auf eigene Faust Einsparpotentiale und Haushaltslöcher anhand Deines Haushaltsbuches. Lasse Dich erst anschließend von den weiteren Empfehlungen und Tipps in diesem Buch inspirieren. Doch das ist erst die halbe Miete. Sobald Du bei einer Ausgabe bzw. Verbindlichkeit Einsparpotential entdeckst, gilt es hierfür eine Strategie zu entwickeln. **Was wirst Du also konkret tun, um diese Ausgabe / Verbindlichkeit zu minimieren?** Ich finde gerade an dieser Stelle konkrete Zielsetzung extrem hilfreich. Einige der SMART-Faktoren (spezifisch, messbar, akzeptiert, realistisch, terminiert) eignen sich dafür hervorragend. Daraus habe ich ein eigenes, sehr wirkungsvolles 5-Schritte-System entwickelt:

Schritt # 1: Um welche Ausgabe / Verbindlichkeit handelt es sich?
Schritt # 2: Wie viel möchte ich einsparen?
Schritt # 3: Bis wann möchte ich (den Betrag aus #2) einsparen?
Schritt # 4: Wie möchte ich diese Ausgabe / Verbindlichkeit verringern (realistische Strategie)?
Schritt # 5: Wer / was kann mir dabei helfen?

Aus meiner Sicht ist insbesondere die zeitliche Terminierung eines konkreten, messbaren finanziellen Ziels der Hintergrund, weshalb diese Strategie so effektiv ist. Dieses Prinzip beruht auf dem Parkinson'schen Gesetz, das besagt, dass sich eine Aufgabe immer auf seinen dafür vorgesehenen Zeitraum ausdehnt. Deshalb solltest Du Deine Ziele zwar realistisch, aber hoch setzen.

Du solltest in einem möglichst kurzen Zeitraum möglichst viel einsparen und Deinen Erfolg unbedingt messen.

Gehe die 5-Schritte-Anleitung für Deine Ausgaben (vor allem für Deine Verbindlichkeiten) durch und halte die Antworten handschriftlich fest. Sie kannst Du anschließend an für Dich gut sichtbare Stellen kleben und morgens und abends durchlesen. Vor allem das Aufschreiben gleicht einem inneren Vertrag mit Dir selbst. Außerdem gewinnst Du durch diese konkrete Strategie Motivation und Zuversicht, dass Du es, solange Du Dich an den Plan hältst, auch schaffen wirst. Beispiel:

Schritt # 1: Um welche Ausgabe/Verbindlichkeit handelt es sich?
Ich will meine laufende Verbindlichkeit mit dem Payper-View Kanal beenden, damit ich mehr Geld zur Verfügung habe und mir am Jahresende dafür eine kleine Reise leisten kann.

Schritt # 2: Wie viel möchte ich einsparen?
Ich möchte damit, monatlich, €20 einsparen. Das sind immerhin €240 im Jahr.

Schritt # 3: Bis wann möchte ich (den Betrag aus #3) einsparen?
Mein Ziel ist es, den Vertrag zum Ende des kommenden Monats, bzw. schnellstmöglich, zu beenden.

Schritt # 4: Wie möchte ich diese Ausgabe/Verbindlichkeit verringern (realistische Strategie)?

Ich krame den Vertrag hervor und schreibe noch heute eine Kündigung und bringe diese per Einschreiben zur Post.

Schritt # 5: Wer/was kann mir dabei helfen?

Ich nutze die App „Aboalarm" oder suche im Internet ein vorgefertigtes Kündigungsformular des Anbieters und schicke es vorab per Email.

Auf diese Weise erstellst Du Dir einen realistischen Aktionsplan. Zugleich reduzierst Du die Möglichkeiten, Ausreden vor Dir selbst zu finden. Darüber hinaus kannst Du nun Deine Fortschritte sowohl quantitativ (Geldbetrag) als auch qualitativ (Zeitkomponente) verfolgen. Damit hältst Du Dich in der Verantwortung. Gerade der letzte Schritt, einen konkreten Aktionsplan zu erstellen, wird beim Thema „Geld sparen" immer vergessen.

Die Konsequenz ist uns aus ambitionierten Neujahrsvorsätzen nur zu gut bekannt. Sie mögen toll und motivierend sein, doch wenn man sich keine konkreten, realistischen und terminierten Ziele in Kombination mit einem Aktionsplan setzt, ist deren Erreichung fast unmöglich. Warum? Weil wir in alte Gewohnheiten zurückfallen. Das hast Du alles schon einmal gehört oder? Also, halte Dich an diese Strategie, sie funktioniert!

8. Wie Du Budgetfallen mit diesen 8 außergewöhnlichen Spartipps vermeidest

„Man muss dreimal bankrott gehen, um zu lernen,
sein Leben zu bestreiten."
~ Charles Dillon „Casey" Stengel

Mithilfe Deines Haushaltsbuchs und der 5-Schritte-Anleitung aus dem vorherigen Kapitel solltest Du nun in der Lage sein, etliche Budgetfallen und Haushaltslöcher auszumachen. Genau deshalb stelle ich Dir die besten und praktikabelsten Spartipps und Spartools auch erst jetzt vor. Mir ist es wichtig, dass Du zuerst selbst ein Gefühl dafür entwickelst, in welche schwarzen Löcher Dein Geld eingesogen wird. Mit diesem Hintergrundwissen ist jetzt der perfekte Zeitpunkt, Dir die besten und praktikabelsten (mir bekannten) Einsparpotentiale vorzustellen.

Ich habe mir lange Gedanken gemacht, wie ich sie am besten präsentieren kann, damit Du sie auch tatsächlich - und bestenfalls einfach und sofort - umsetzen und von ihnen profitieren kannst.

Als Erstes möchte ich Dir jene Spartipps an die Hand geben, die aus meiner Sicht die größten Auswirkungen haben und entweder wenig bekannt sind oder viel zu selten genutzt werden. Außerdem sind sie besonders wirkungsvoll, weil viele davon nur wenig Deiner Zeit beanspruchen. In diesem Schritt geht es mir vor allem um einen langfristigen Effekt. Diesen konnte ich persönlich immer dann erzielen, wenn ich Prozesse automatisieren konnte. Deshalb werden einige der Tipps verrückt, extrem oder utopisch klingen. Doch am Ende des Tages haben sie die größten Auswirkungen auf Deine finanzielle Situation.

Als Zweites gebe ich Dir dann weitere, zum Teil ungewöhnliche, Spartipps an die Hand. Sie sind eher auf den Alltag bezogen und daher den jeweiligen Bereichen in Deinem Haushaltsplan zugeordnet. Bedenke, dass Dein Handeln den Weg vorgibt. Wenn Du bereit bist, Deinen Lebensstil wirklich anzupassen, kannst Du locker mehrere Hundert Euro monatlich einsparen. Einige Leser bestätigten mir sogar, dass sie weit über Tausend Euro im Monat einsparen konnten. Damit Dir die Umsetzung noch leichter fällt, habe ich im dritten Teil dann einige praktische Spartools zusammengestellt, die auf Deinem Weg äußerst hilfreich sein können.

Lass' es uns angehen. In diesem Kapitel steht die Praktikabilität (Einfachheit und Durchsetzbarkeit) und der Effekt (maximaler Betrag) der Sparmaßnahmen an vorderster Stelle. Für mich geht Qualität, im Sinne des Verhältnisses von Aufwand und Rekompensation, deutlich vor Quantität. Ich bin mir sicher, dass Du hier einige sehr kostbare Tipps entdecken wirst, die Dir auf lange Sicht viel Geld einsparen können.

8.1 Finanzieller Minimalismus: Es geht auch ohne Einschränkungen

Aus meiner Sicht muss man, wenn man Geld sparen möchte, bereit sein, seinen Lebensstandard anzupassen. Ich finde es nur ärgerlich, dass viele Menschen diesen Schritt mit Einschränkungen gleichsetzen. In meiner Erfahrung zeigt sich, dass weniger zu konsumieren oder weniger zu besitzen weder eine Einschränkung ist, noch am Lebensstandard kratzen muss. Nein, es führt in der Regel sogar zum Gegenteil - mehr Zufriedenheit! Ein Motto begleitet mich in diesem Prozess seit einigen Jahren:

„Wer wenig braucht, hat alles!"

Über die Jahre habe auch ich begonnen einen deutlich minimalistischeren Lebensstil zu pflegen. Das hat mit Sicherheit einen großen Anteil daran, dass ich heute, selbst wenn ich ein Nettoeinkommen von weit unter 1.000 Euro hätte, sehr gut davon leben könnte. Vor einigen Jahren habe ich begriffen, was der Schlüssel zu finanziellem Minimalismus ist. **Es geht darum, immer unter den eigenen Möglichkeiten zu leben.** Genau das würde ich auch Dir empfehlen. Es geht also darum, Deinen Lebensstandard so lange es geht, so „gering" wie möglich zu halten (im Vergleich zu anderen Ländern ist ein „niedriger" Lebensstandard hierzulande schließlich immer noch extrem hoch). Sei Dir immer bewusst, dass es extrem einfach ist, den eigenen Lebensstandard zu erhöhen. Ihn allerdings wieder zu reduzieren, fühlt sich an wie ein Verlust oder eine Einschränkung. Deshalb gehen auch nur Wenige diesen Schritt, wenn sich ihre Einkommenssituation verschlechtert und die Ausgaben und Verbindlichkeiten die Einnahmen zu übersteigen drohen. Überlege es Dir also gut, Deinen Lebensstandard zu erhöhen. Beantworte dir zuvor immer die Frage „Warum muss/will ich das tun und was habe ich davon?".

<u>Zwei Minimalismus-Techniken für den Alltag</u>

Methode # 1 heißt warten. Bevor Du eine größere Ausgabe tätigen willst, solltest Du am besten 30 Tage warten und evaluieren, ob Du sie wirklich tätigen musst. Je nachdem, zu welchem Schluss Du nach 30 Tagen kommst, tu es.

Dasselbe gilt für Shopping, ob im Supermarkt, dem Klamottenladen oder vor dem Imbiss. Hier habe ich begonnen die 10-Sekunden Warteregel zu praktizieren. Sobald Du etwas einkaufen willst, was möglicherweise nicht auf Deiner Liste steht, es eine günstigere Alternative gibt oder das Produkt / die Dienstleistung nicht zur Deckung Deiner Grundbedürfnisse beiträgt, warte 10 Sekunden, reflektiere und triff eine bewusste Entscheidung.

Beide Strategien führen dazu, dass Du emotionale Impulskäufe deutlich reduzierst. Das ist ein extrem wichtiges Training, da jeder Konsum zunächst immer emotional ist. Indem Du allerdings wartest, ziehst Du Deinen Logikapparat hinzu. Das verbessert Deine Entscheidungsqualität enorm und führt zu weniger dafür aber qualitativ hochwertigerem Konsum.

Der zweite Trick, finanziellen Minimalismus im Alltag zu leben? Beginne damit, einmal im Monat Dein Hab und Gut zu minimieren. Es gibt aus meiner Sicht kaum Spartipps, die sich ähnlich positiv auch auf andere Lebensbereiche auswirken. Einerseits bietet diese Gewohnheit die Möglichkeit, den eigenen Konsum zu hinterfragen und sich gleichzeitig etwas dazuzuverdienen. Darüber hinaus ist es aber auch ein Weg, emotionalen oder materiellen Ballast abzuwerfen. Diese Methode ist denkbar einfach. Nimm' Dir wenigstens einmal im Monat ein bis zwei Stunden

Zeit und frage Dich, was von Deinem Besitz Du verkaufen oder verschenken könntest.

Du fragst Dich jetzt bestimmt, nach welchem Kriterium ich dies entscheide.

Ich mag es einfach. Daher frage ich mich in der Regel nur, ob ich das betreffende Produkt oder die betreffende Dienstleistung in den vergangenen 3 Monaten in Anspruch genommen habe. Wenn nicht, wird sie verkauft oder verschenkt.

Gehe am besten mit System vor. Monat 1: Kleidung. Monat 2: Elektronikartikel. Monat 3: der Bücherschrank, usw. Auf diese Weise befreist Du Dich nicht nur emotional von materiellem Überfluss und Ballast, sondern reduzierst Schritt für Schritt die ungesunde Anhaftung, die man automatisch gegenüber Dingen entwickelt. Netter Nebeneffekt? Ich behalte in meinem Haushalt den Überblick, ich finde Dinge schnell, reduziere die Anzahl meiner Entscheidungen (extrem wichtiger Zeitfaktor, z.B. vor dem Kleiderschrank), bemerke ungesunde Konsumgewohnheiten und mache entweder anderen Menschen eine Freude (verschenken) oder verdiene mir regelmäßig einige Groschen dazu (die sofort auf mein Sparkonto gehen).

8.2 Hunderte Euro sparen, durch weniger Miete

Die Statistik in Kapitel 5 hat gezeigt, dass der deutsche Haushalt im Durchschnitt ein Drittel seines monatlichen Einkommens für den Bereich „Wohnen" ausgibt. Egal ob Du ein Darlehen für das Eigenheim oder Miete bezahlst. Es ist der größte Ausgabeposten und genau deshalb liegen hierin auch die größten Einsparmöglichkeiten. Doch was ist hier wirklich praktikabel?

Ein Umzug kann natürlich am meisten Geld einsparen (ich weiß eine drastische Maßnahme, aber Du willst ja etwas erreichen!). Ein Umzug mag zwar zunächst viel Anstrengung kosten, spart Dir anschließend jedoch langfristig hunderte Euro monatlich ein. Gerade Wohnungsbaugenossenschaften bieten gute Mietwohnungen zu günstigen Preisen an.

Es gibt aber auch noch einen Mittelweg. Die Vermietung überschüssiger Zimmer (vor allem in der Stadt). Solltest Du ein leer stehendes Zimmer zur Verfügung haben, kannst Du es auf verschiedenen Plattformen und zu verschiedenen Konditionen untervermieten (bitte mit Deinem Vermieter abklären). Ich lebe zum Beispiel nach wie vor in einer WG, obwohl ich mir locker eine eigene Wohnung leisten könnte. Als Hautmieter vermiete ich zwei weitere Zimmer unter. Damit halte ich meine Mietkosten extrem gering (< 300 Euro / Monat). Eine Alternative zu längerfristigen Untervermietungen ist, überschüssige Zimmer auf der Plattform AirBnB zu vermieten. Dort kannst Du Zimmer zu eigenen Konditionen, und zwar auch nur Tagesweise, anbieten. Gerade in Messezeiten in Städten kann das ein sehr lohnendes Geschäft sein! Alles was Du tun musst, ist das Zimmer auf der Plattform ansprechend zu präsentieren und die freien Termine anzugeben. Mache Dich hierfür allerdings vorher mit den Gesetzen, vor allem in Sachen Mietverhältnis und Hotellerie, vertraut (ich bin keine Rechtsberatung). Ich persönlich spare auf diese Weise pro Monat mindestens 300 Euro gegenüber einer kleinen Einzelwohnung.

Netter Nebeneffekt? In meiner WG wird alles mit allen geteilt, das bringt enorme Ersparnisse bei Nebenkosten und Haushaltsausgaben - ganz abgesehen von sozialen Aspekten!

8.3 Profitiere von der Share Economy

Der Begriff der Share Economy ist relativ neu. Er bezeichnet einen Austauschprozess. Gebrauchsgegenstände, die nicht ständig benutzt werden, werden miteinander getauscht, bevor man sie sich selbst kauft, was nicht nur eine große Ausgabe zur Folge hat, sondern auch Lagerkosten (der Gegenstand muss irgendwo untergebracht werden).

Es gibt zahlreiche Möglichkeiten, diesen Bewegung zu nutzen. Angefangen mit dem Rasenmäher, den Du mit Deinem Nachbarn teilst bis zur Waschmaschine im Keller einer Wohnung, die für alle zugänglich ist. Der Aspekt der Mobilität (Verkehr) ist jedoch einer der größten Ausgabeposten. Deshalb konzentriere ich mich darauf besonders. Was Du konkret tun kannst:

- Steige auf öffentliche Verkehrsmittel um
- Nutze den Zug oder Fernbusse
- Betreibe Carsharing und nutze Mitfahrgelegenheiten

Öffentliche Verkehrsmittel sind besonders kosteneffizient. Du sparst Dir damit sowohl die Autoversicherung, als auch Steuern, Kraftstoffkosten, Reparaturen, Reifenwechsel, etc. Gerade in einer Stadt braucht man wirklich kein Auto und sollte lieber von Zuschüssen (die man durch Steuern ja indirekt ohnehin selbst bezahlt) profitieren.

Dasselbe gilt für den Zug und Fernbusse. Sie sind auf längeren Strecken in der Regel deutlich günstiger als selbst mit dem Auto zu fahren. Darüber hinaus kannst Du während der Fahrt arbeiten - zum Beispiel an Deinem Zusatzeinkommen!

Benötigst Du doch ein Auto oder hast eines, von dem Du Dich nicht trennen kannst/willst, dann nutze doch eine der zahlreichen Carsharing Plattformen bzw. Mitfahrgelegenheiten wie BlaBlaCar. Bei Mitfahrgelegenheiten fährst Du entweder bei jemandem mit, oder Du gabelst Leute auf Deinem Weg auf und teilst damit Spritkosten und indirekt natürlich auch Verschleiß, Versicherung, Steuer, etc. Darüber hinaus lernst Du in der Regel interessante Menschen kennen und knüpfst nicht selten wertvolle Kontakte für die Zukunft!

Etwas anders funktioniert das Carsharing. Dort kannst Du entweder ein Auto einer Privatperson mieten, oder aber Dein eigenes zur Vermietung bereitstellen (solange Du es nicht 24/7 selbst benötigst). Damit kannst Du einen großen Teil der soeben genannten laufenden Kosten einsparen und auf mehrere Schultern verteilen. Das tolle daran: Dein Fahrzeug ist für den Zeitraum durch die Carsharing-Plattform versichert! Auch hier solltest Du Dich vorher allerdings mit den Grundvoraussetzungen der jeweiligen Plattform sowie Deiner Versicherung auseinandersetzen. Die aus meiner Sicht beste Carsharing-Webseite ist Tamyca. Tamyca bietet übrigens auch eine App an, die reibungslos funktioniert.

8.4 So reduzierst Du Deine Getränkekosten extrem

Täglich trinke ich mindestens 3 Liter Wasser. Das waren für mich Alltagskosten, die schon immer nicht unwesentlich zu Buche geschlagen haben. Ganz abgesehen vom nervigen Schleppen der Getränkekästen. Auf der Suche nach gesundheitlichen Verbesserungsmöglichkeiten bin ich auf die Möglichkeit gestoßen, einen Wasserfilter zu verwenden. In Deutschland besteht diesbezüglich ohnehin eine große Informationslücke. Das Wasser im Getränke- oder Supermarkt ist nämlich, was die erlaubten gesundheitsschädlichen Grenzwerte angeht, deutlich schlechter als Leitungswasser. Leitungswasser unterliegt in Deutschland deutlich schärferen Begrenzungen, als Tafel- oder Mineralwasser.

Da ich gerne gesund lebe, suchte ich daher nach einer Möglichkeit weder Getränkekästen schleppen zu müssen, noch evtl. belastetes Leitungswasser trinken zu müssen. Die Lösung war ein Übertisch-Aktivkohlefilter. Dieser hatte sich schon nach wenigen Monaten amortisiert. Es gibt viele qualitativ hochwertige Übertisch-Aktivkohlefilter. Der Carbonit SanUno Classic bietet aus meiner Sicht allerdings das beste Preis-Leistungsverhältnis!

Ein Aktivkohlefilter hält in etwa ein halbes Jahr. Der Wasserpreis für Leitungswasser liegt in Deutschland durchschnittlich bei etwa 2 Euro pro 1000 Liter (0,2 Cent / Liter). Dafür bekommt man im Supermarkt ca. zwei Flaschen gutes Wasser. Der Wasserfilter kostet in der Anschaffung ca. 125 Euro und hat sich somit bereits nach ca. 65 Litern getrunkenem Wasser amortisiert. Der Filter schlägt mit ca. 40 Euro pro Halbjahr zu Buche. Allein bei einem 1-Personen Haushalt mit 3 Litern täglich getrunkenem

Wasser (1.000 Liter / Jahr mit Kosten zwischen 300 und 1.000 Euro) zahlt sich diese Investition hundertfach aus. Sobald sich mehrere Personen im Haushalt befinden multipliziert sich der finanzielle Vorteil! Netter Nebeneffekt? Stilles Wasser ist gegenüber Sprudel deutlich gesünder! Wer allerdings auf Sprudel nicht verzichten will, kann sich einfach zusätzlich einen Wassersprudler anschaffen. Du wirst mit diesen Investitionen kurzfristig trotzdem hunderte Euro und langfristig sogar tausende Euro einsparen.

8.5 Gebraucht: Sogar besser als neu?

Ich war noch nie ein Fan davon, mir ständig neue Dinge anzuschaffen. Schließlich werden täglich viel zu viel funktionierende Produkte weggeschmissen und damit kostbare Arbeitszeit, Lieferwege und Transportkosten, Energie und Ressourcen verschwendet. Warum kehren wir also nicht zurück zu einer Denkweise, die auch älteren bzw. gebrauchten Produkten noch einen Wert zuweist?

Ich kaufe zum Beispiel höchst selten etwas neues, da es heute viele wunderbare Plattformen gibt, die gebrauchte Produkte zu einem Bruchteil ihres Neupreises anbieten. Bei vielen Produkten (z.B. Büchern) ist es zudem vollkommen egal, ob es sich um einen gebrauchten oder neuen Artikel handelt. Doch selbst sensible Elektronik kann heute von Herstellern, die das Gerät noch einmal generalüberholen, vertrauensvoll gebraucht gekauft werden. Auf diese Weise habe ich zum Beispiel vor über 2 Jahren ein gebrauchtes iPhone 4s für knapp über 100 Euro erworben. Es leistet noch immer hervorragende Dienste.

Doch wo ist gebraucht noch praktikabel und direkt umsetzbar?

Kleidung: Über Plattformen wie Kleiderkreisel (Link: https://www.kleiderkreisel.de/) oder Ubup (Link: http://www.ubup.com/) kann man gepflegte und qualitativ hochwertige (Marken)Ware zu einem Bruchteil des Neupreises erwerben. Ich kaufe meine Klamotten fast nur noch so und habe immer gute Erfahrungen gemacht!

Möbel und Haushaltsgeräte: Auf Ebay-Kleinanzeigen (Link: https://www.ebay-kleinanzeigen.de/) lassen sich vor allem größere gebrauchte Haushaltsgegenstände und Möbel günstig und zum Teil sogar kostenlos erwerben. Einzige Voraussetzung ist meistens die Abholung vor Ort. Dadurch habe ich zum Beispiel eine relativ neue Waschmaschine für ca. 100 Euro erworben, statt 400 Euro aufwärts im Elektronikfachhandel zu bezahlen.

Auto: Wenn Du Dir doch ein Auto anschaffen willst, dann bitte kein neues. Ein Jahreswagen reicht völlig aus, zumal ein neues Auto, in dem Moment, da Du es vom Hof des Verkäufers fährst, ca. 25 Prozent seines Wertes einbüßt. Besser kann man Geld und Zeit kaum zum Fenster hinauswerfen. Auf Mobile (Link: http://www.mobile.de/) finden sich hingegen Autos von gewerblichen und privaten Anbietern. Letztere sind in der Regel deutlich günstiger aber auch mit etwas Risiko behaftet. Nimm Dir also am besten einen Mechaniker zur Besichtigung und Kaufevaluation mit.

Bücher: Ich bin eine Leseratte und Bücher sind definitiv einer meiner größten Ausgabeposten. Deshalb konsumiere ich Bücher zum einen mit meinem Büchereiausweis der Stadtbibliothek (der kostenlos ist!), oder ich kaufe sie gebraucht über Medimops (Link: http://www.medimops.de/buecher-C0186606/) bzw. Amazon. Medimops ist bezüglich der Versandkosten übrigens deutlich günstiger!

Elektronik: Auch Elektronikartikel kann man gebraucht erwerben. Besonders gut gefällt mir hier die Plattform Rebuy (Link: https://www.rebuy.de/kaufen), weil die Geräte dort noch einmal getestet werden. Vom Privatverkäufer bekommst Du Geräte mit etwas Geduld deutlich günstiger bei EBay (Link: http://www.ebay.de/).

8.6 Kluger Konsum mit dem Klopapier-Prinzip

Während ich dieses Buch geschrieben habe, bin ich auf einen Spruch gestoßen, der mich nicht mehr loslässt: *„Arm sein ist teuer."* Es spricht zwei Aspekte an. Zum einen führt eine mangelnde Geldbildung zwangsläufig in die Armut und zu schlechteren finanziellen Entscheidungen. Diese sind wiederum meist teuer. Auf der anderen Seite sorgt auch das System dafür, dass jene, die mehr Kapital besitzen, bessere Möglichkeiten haben, als jene, die weniger Kapitel besitzen. Diesen Klassenunterschied untersuchte der Professor Yesim Orhun, gemeinsam mit Mike Palazzolo über 7 Jahre hinweg. Untersuchungsziel waren 100.000 amerikanische Haushalte und deren Klopapier-Einkaufsgewohnheiten. Klingt etwas verrückt oder? Wie so oft liegt Genie und Wahnsinn ziemlich eng beieinander. Die Grundidee der beiden zeigt genau das. Toilettenpapier wird durch alle Bevölkerungsschichten hinweg, sehr konstant verbraucht, kann kaum ersetzt werden und man benötigt es selbst dann, wenn man nur wenig Geld zur Verfügung hat. Insofern ein perfektes Exempel, da man einfach nicht darauf verzichten kann. Zudem ist es gut messbar, weil man davon kaum mehr verbraucht, wenn man einen Vorrat zuhause hat, oder mehr verdient (im Gegensatz zu Genussmitteln). Die beiden Forscher kamen nach 7 langen Jahren zu einer beeindruckenden Erkenntnis.

Jene Menschen, die weniger Geld zur Verfügung hatten, haben mehr für Toilettenpapier ausgeben als jene, die im Vergleich mehr verfügbares Einkommen hatten.

Aber warum? Wenn man den Klopapier-Preis auf eine einzelne Rolle herunterrechnet, ist die Vorratspackung (z.B. 24er-Pack) Klopapier deutlich günstiger als Packungen mit lediglich 12 Rollen. Trotzdem greifen gerade Menschen mit einem niedrigeren Einkommen im Supermarkt deutlich häufiger zu der nur gefühlt günstigeren 12er-Packung. Dasselbe lässt sich auch auf andere Produkte übertragen (Waschmittel, Shampoo, Müsli, Kaffee, etc.).

Die Lehre daraus? Man sollte Vorratspackungen immer mit den vermeintlich günstigeren Single-Packs vergleichen und die pro Einheit/Gramm günstigere Packung kaufen. Das gilt natürlich nur für jene Produkte, die kein Verfallsdatum haben oder nicht eingefroren werden können. Auf diese Weise kaufst Du smarter, günstiger und sparst Dir sogar Zeit, weil Du nun seltener zum Supermarkt laufen musst.

8.7 Extrem günstig reisen und zugleich mehr erleben?

Ich kenne kaum jemand, der nicht gerne reist. Doch „kein Geld" ist häufig das Argument, den Urlaub auf Balkonien zu verbringen (was natürlich auch schön sein kann, keine Frage!). Dabei gibt es eine Reihe von Möglichkeiten, einen tollen Urlaub zu verbringen, ohne sich dafür in Unkosten stürzen zu müssen. Aus meiner Sicht muss man einfach nur wissen, wovon die Reisekosten hauptsächlich abhängen. Nur wenn man die Faktoren und Variablen kennt, kann man darauf reagieren und diese minimieren oder maximieren. Was sind also die wesentlichen Faktoren für die Gesamtreisekosten?

 # 1 Zeitliche Flexibilität und Geduld
Reisekosten, egal ob Unterkunft oder Transport (Flug, Bahn, etc.), hängen zu einem großen Teil vom Reisezeitraum ab. Es ist kein Geheimnis, dass die Reisepreise in der Hochsaison und in Ferienzeiten deutlich höher sind, als in der Nebensaison. Zeitliche Flexibilität und Geduld sind meiner Erfahrung nach essentiell, um besondere Frühbucher- oder Last-Minute Angebote nutzen zu können. Gerade die Fluglinie Condor (Link: https://www.condor.com/de/angebote/eintagsfliegen-info.jsp) hat einmal pro Monat tolle Flugangebote. Die Plattform Skyscanner (Link: https://www.skyscanner.net/) bietet darüber hinaus die besten Suchergebnisse. Du kannst dort eine Matrix arbeiten und Deine Hin- und Rückflüge den Preisen entsprechend anpassen. Um eine günstige Unterkunft kannst Du Dich ja dann selbst kümmern (siehe unten).

2 Örtliche Flexibilität

Dasselbe gilt für Flexibilität und Geduld hinsichtlich Deiner Urlaubsdestination. Wenn Du flexibel bist, kannst Du nämlich auf Angebote warten und reagieren. Hierfür gibt es einige tolle Plattformen, die Reisen an ausgefallene Orte zu hochattraktiven Preisen anbieten. Darunter sind insbesondere:

Urlaubspiraten (Link: https://www.urlaubspiraten.de/)
Urlaubsguru (Link: https://www.urlaubsguru.de/)
Reisetiger (Link: https://www.reisetiger.net/)
Travelox: (Link: http://www.travelox.de/)
ltur (Link: http://www.ltur.com/de/index.html)

3 Flexibilität bei der Unterkunft

Es gibt eine Reihe von Plattformen, über die man enorm günstig Urlaub machen kann. Hierfür ist allerdings wiederum Flexibilität hinsichtlich der eigenen Ansprüche entscheidend. Wenn Du zum Beispiel Abenteuerlustig bist, kannst Du kostenlos couchsurfen (bei checkfelix findest Du hierzu einige gute Tipps für Anfänger). Kostenlose Schlafplätze gibt es auf der ganzen Welt (Link: https://www.couchsurfing.com/)! Die Plattform AirBnB ist die gehobenere und sicherere Variante bei einer Privatperson zu übernachten. Kostet dafür aber auch (Link: https://www.airbnb.de/).

Bei Geo gibt es 49 weitere sehr gute Tipps (Link: 49 Geo Tipps), um günstig zu reisen. Es lohnt sich auch, Reiseblogs zu folgen. Dort erfährst Du Tipps zu ganz bestimmten Destinationen aus erster Hand. Meine liebsten Reiseblogs sind:
- On a Budget (Link: http://www.on-a-budget.de/)
- Bravebird (Link: http://www.bravebird.de/)
- Planetbackpack (Link: http://www.planetbackpack.de/)
- Reisedepeschen (Link: http://www.reisedepeschen.de/)

Sehr gute deutschsprachige Bücher zum Thema „günstig Reisen":
- Günstig Reisen: Mit einem Mini-Budget um die Welt: Alles was du wissen musst, um Geld auf deinen Reisen zu sparen: Finde billige Flüge, kostenlose Unterkünfte und vieles mehr
- Der Low Cost Globetrotter: Günstig reisen - Der kompakte Ratgeber für jeden, der die Welt für kleines Geld sehen will: Die besten Tipps und Tricks für Backpacker, Globetrotter und Reiseverrückte
- Billigflüge finden & buchen: Schritt-für-Schritt Anleitung zum günstigen Fliegen
- Weltenbummeln - Vagabonding: Das ultimative Handbuch für Langzeitreisen durch die ganze Welt
- Salt & Silver Lateinamerika. Reisen surfen kochen

8.8 Laufende Verbindlichkeiten reduzieren

Kommen wir zu dem womöglich gewöhnlichsten Tipp in diesem Kapitel. Nichtsdestotrotz möchte ich ihn nicht in die folgende Kategorie verschieben, weil er extrem wichtig ist. Denn einmal umgestellt, sparst Du Dir hier langfristig Geld. Ja, ich rede von den Nebenkosten bei Miete oder Eigenheim. Dazu zählen insbesondere Energie (Strom), Heizen (Gas oder Öl), Kommunikation (Internet & Telefon), Sicherheit (Versicherungen) sowie Schulden (laufende Kredite). Allein diese 5 Faktoren zumindest einmal jährlich zu überprüfen und anzupassen, führt zu einer Verbesserung des Haushaltsbudgets um mehrere Hundert, oder gar tausende Euro jedes Jahr! Ein Vermögen, für das es sich durchaus lohnt, einige Zeit und Gedanken auf deren Optimierung zu verwenden.

Insbesondere die laufenden Verbindlichkeiten zu reduzieren ist aus meiner Sicht ein wesentlicher Schlüssel zum Erfolg. Und gerade Nebenkosten, Versicherungen und Abonnements können zu großen und unnötigen Kostenfallen werden. Sich ihrer zu entledigen oder sie zu verringern ist fundamental, um finanziell gesund und finanziell erfolgreich zu werden.

Auf meiner Homepage www.geldsystem-verstehen.de/vergleichen-und-verbindlichkeiten-senken/ habe ich mehrere Vergleichsrechner installiert. Von dort habe ich Tipps und Tricks rund um Verträge, und worauf besonders zu achten ist, übernommen. Bitte verschiebe diesen Schritt nicht. Überprüfe die Höhe Deiner Verbindlichkeiten jetzt und leite, wenn sich Einsparmöglichkeiten ergeben, sofort Schritte ein.

1 Stromkosten reduzieren

Es gibt eine ganze Reihe grundverschiedener Stromanbieter. Daher muss man, neben einem schlichten Strompreisvergleich, auch die Seriosität des Stromanbieters betrachten. Leider bestätigt "Stiftung Warentest" nämlich immer wieder, dass sich schwarze Schafe mit unseriösen Paketen unter die Stromanbieter mischen. Einen Überblick, worauf Du achten musst, findest Du in Punkt #3! Seriöse Ökostromanbieter erkennst Du übrigens an den Gütesiegeln "TÜV", "naturemade-star", "OK-power", "grüner-Strom-Label" und "EKOenergie Label".

Schritt # 1: Vorsicht vor versteckten Preiserhöhungen

Häufig werben Anbieter mit günstigen Einstiegspreisen / Preisgarantien für die ersten Monate. Nicht selten erhöhen sie aber bereits während des ersten Jahres die Preise. Eine weitere unfaire Praxis ist die deutliche Erhöhung der Preise, sollte man über dem im Paketpreis vereinbarten Stromverbrauch liegen! Liegst Du darunter, bekommst Du häufig kein Geld zurück! Unfaire Anbieter erhöhen manchmal auch aus heiterem Himmel die Abschläge. Verweise darauf, dass sich die Abschläge immer am Vorjahresverbrauch orientieren müssen!

Schritt # 2: Vorsicht bei Bonuszahlungen
Auch hier wird allerhand getrickst, deshalb solltest du auf folgende Punkte achten:
- Bonuszahlungen werden häufig mit höheren Strompreisen gegenfinanziert! Der Bonus dient häufig nur dazu, im Vergleich "günstiger" als die Konkurrenz zu wirken!
- Bonuszahlungen werden in der Regel erst nach der Vollendung des ersten Vertragsjahres gezahlt! Wer vorher kündigt, erhält nicht selten direkt vom Stromversorger eine Kündigung. Damit wird es deutlich schwieriger, den Anspruch auf den Bonus geltend zu machen!

Je größer die Ersparnis zu sein scheint, umso vorsichtiger sollte man hinsichtlich möglicher Stolpersteine im Kleingedruckten sein!
Gerade sehr hohe Bonuszahlungen werden häufig in den AGBs mit entsprechenden Klauseln wieder abgespeckt!

Schritt # 3: Vorsicht bei den Laufzeiten
Häufig werden Mindestlaufzeiten von 12 Monaten angegeben. Damit verpflichtet man sich nicht selten direkt für ein zweites Jahr – je nach Anschlusslaufzeit! Als Anschlusslaufzeit bezeichnet man die Zeitspanne, um die sich ein Vertrag verlängert, wenn man ihn nicht rechtzeitig kündigt. Fair ist ein Monat. Bei vielen Stromanbietern verlängert sich der Vertrag aber um 12 weitere Monate.

#4: Vorsicht bei Vorkasse und vor Inkasso-Verfahren
Lasse Dich nicht auf unfaire Zahlungen per Vorkasse ein. Diese Praktik zeugt nicht gerade von Transparenz! Unseriöse Anbieter machen es sich auch zur Praktik, sollte mal eine Zahlung ausbleiben oder ein Fehler vorliegen, schnelle Inkassoverfahren einzuleiten. Deren Kosten sind häufig unverschämt hoch.

Schritt # 5: Überprüfe den Zählerstand
Du musst den Zählerstand regelmäßig ablesen und an deinen Stromanbieter melden. Überprüfe auf den Rechnungen aber unbedingt immer, ob dieser auch korrekt übernommen worden ist. Die Rechnung muss spätestens 6 Wochen nach dem Ende des Abrechnungszeitraums bei Dir eingehen!

Schritt # 6: Das zeichnet wirklich faire Stromanbieter aus
- Sie verfügen über eines der oben genannten Ökostrom-Gütesiegel.
- Die Abschläge werden monatlich bezahlt
- Die Preisgarantie umfasst mindestens 12 Monate

- Der Tarif bleibt auch ohne Bonus günstig
- Die Kündigungsfrist übersteigt nicht 6 Wochen
- Die Anschlusslaufzeit übersteigt nicht 4 Wochen

Link zum Preisvergleich: http://www.geldsystem-verstehen.de/stromvergleich/

2 Heizkosten reduzieren

Bevor Du euphorisch den Gasanbieter wechselst, solltest Du Dich mit nachfolgenden Punkten auseinandersetzen. Wie beim Stromvergleich befinden sich nämlich auch hier immer wieder "Blindgänger" unter den ca. 100 Gasanbietern. Die Kündigung bei Deinem alten Gasanbieter führt übrigens Dein neuer Gasanbieter selbst durch!

Schritt# 1: Vorsicht vor versteckten Preiserhöhungen
Gasanbieter werben häufig und gerne mit günstigen Einstiegspreisen / Preisgarantien für die ersten Monate. Nicht selten erhöhen sie aber bereits während des ersten Jahres die Preise. Daher solltest du einen Tarif mit einer Preisgarantie von 12 Monaten wählen. Nach einem Jahr kannst du ja dann wieder Preise vergleichen und wechseln!

Schritt # 2: Vorsicht bei den Laufzeiten
Suche nach einem guten Mittelweg von Vertragslaufzeit und Preisgarantien! Ideal ist eine Vertragslaufzeit von maximal 12 Monaten. Häufig werden aber Mindestlaufzeiten von 12 Monaten angegeben. Damit verpflichtest Du Dich häufig direkt für ein zweites Jahr – je nach Anschlusslaufzeit! Bei manchen Gasanbietern verlängert sich der Vertrag dann automatisch um 12 weitere Monate!

Einspartrick: Wenn du wechselfreudig bist, kannst Du auch jedes Jahr von den Wechselboni profitieren. Dann solltest Du aber auch wirklich jährlich wechseln, weil die Tarife im zweiten Jahr meistens deutlich teurer werden und sich nicht mehr lohnen!

Schritt # 3: Vorsicht Sonderabschläge!
Wenn Dein Gasanbieter von Dir einen Sonderabschlag fordert, sollten Deine Alarmglocken läuten! In der Regel werden diese Sonderabschläge am Ende der Vertragslaufzeit verrechnet und zurückgezahlt. Geht der Gasanbieter allerdings vorher insolvent, siehst Du die geleisteten Zahlungen zu 99,99 % nie wieder!

#4 Vorsicht bei Kilowattpaketen
Wenn Du Deinen Gasverbrauch nicht ganz genau einschätzen kannst, solltest Du von Kilowattpaketen die Finger lassen! Günstiger sind diese Pakete nur dann, wenn man wirklich weniger oder gleich viel der vereinbarten Menge verbraucht. Danach steigen die Gaspreise pro kWh exorbitant! Verbrauchst Du weniger, erhältst Du trotzdem kein Geld zurück! Außerdem ist der Abschlag im Voraus zu bezahlen, wovon man ohnehin absehen sollte! Wähle daher immer eine monatliche Zahlweise ohne Vorkasse – damit bist Du auf der sicheren Seite.

Schritt # 5: Das zeichnet wirklich faire Gasanbieter aus
- Kurze Kündigungsfristen
- kurze Vertragslaufzeiten
- Gute Kundenbewertungen
- Die Preisgarantie umfasst mindestens die Dauer der Mindestvertragslaufzeit
- Der Tarif bleibt auch ohne Bonus günstig
- Die Abrechnung erfolgt monatlich und nicht per Vorkasse!

Link zum Preisvergleich: http://www.geldsystem-verstehen.de/gaspreisvergleich/

3 Internet & Telefonkosten reduzieren

Wenn Du im Monat mehr als 30 Euro für einen DSL Anschluss zahlst, solltest Du definitiv einen Wechsel in Betracht ziehen. Es gibt heute bereits sehr viel günstigere Tarife. Ein guter Tarif kostet zwischen 20 und 25 Euro. Dabei sind, was die Leistung anbelangt, 16.000 kBit/s völlig ausreichend - auch um Dokus oder Filme anzusehen. Prüfe allerdings unbedingt die Verfügbarkeit des DSL Anbieters in Deinem Wohngebiet. Sonst zahlst Du unter Umständen einen Aufpreis!

Schritt # 1: Lasse Deinen Vertrag kündigen
Damit es nicht zu Missverständnissen kommt, solltest Du bei einem Wechsel deinen bestehenden DSL-Anschluss lieber von Deinem neuen DSL Anbieter kündigen lassen. Vergewissere Dich bei Deinem alten DSL Anbieter aber nach zwei Wochen, dass dies auch wirklich geschehen ist. Die Bestätigung sollen sie Dir schriftlich zukommen lassen. Kündige nur selbst, wenn Du schon kurz vor dem Ablauf der Kündigungsfrist stehst, um eine Überschneidung zu vermeiden!

Schritt # 2: Sicherheitspakete nein, regelmäßiger Wechsel ja!
Entferne im Bestellprozess unbedingt den Haken bei unnötigen Zusatzpaketen wie sogenannten Sicherheitspaketen oder anderen vermeintlich kostenlosen Extras. Sie können sich nämlich nach Ablauf der kostenlosen Frist zu richtigen Kostenfallen entwickeln!

Außerdem gilt auch hier, dass Wechselfreudige belohnt werden! Schließlich gibt es ständig attraktive Neukundenprämien, von denen man profitieren kann. Beachte jedoch, dass sie sich in der Regel auf die Dauer der Vertragslaufzeit beziehen. Anschließend werden die Tarife häufig teurer als vergleichbare, zunächst teurere, Angebote. Vergiss als regelmäßiger Wechsler und Sparhamster also nicht, rechtzeitig zu kündigen und einen neuen Vertrag auszuwählen. Hierbei kann Dir ein Spartool helfen, dass ich Dir später vorstelle!

Schritt # 3: Das zeichnet wirklich faire DSL Anbieter aus
- Kurze Kündigungsfristen
- Kurze Vertragslaufzeiten
- Kurze Anschlussfristen (= Zeitraum, um den sich der Vertrag nach Ablauf der Kündigungsfrist verlängert)
- Gute Kundenbewertungen
- Der Bestellprozess ist transparent
- Die Zahlweise ist monatlich
- Du kannst Deine alte Rufnummer mitnehmen

Link zum Preisvergleich: http://www.geldsystem-verstehen.de/dsl-vergleich/

 # 4 Kreditkosten reduzieren (umschulden)

Schulden sind das beste Instrument des Systems, um uns immer schneller im Hamsterrad laufen zu lassen. Doch die Zeiten sind gerade äußerst günstig! Wer nämlich mit Schulden zu kämpfen hat, kann von der derzeitigen Niedrigzinsphase profitieren. Lagen die Kreditzinsen vor einigen Jahren noch bei 7 %, sind es derzeit zum Teil sogar deutlich weniger als 3,5 %. Damit zahlt man den Kredit, wegen der sogenannten Abzinsung, mehr als doppelt so schnell ab.

Ein Kredit besteht grundsätzlich immer aus Zinsen und Tilgung. Je niedriger die Zinsen, umso mehr kann man tilgen und umgekehrt. Je höher die Tilgung, umso schneller kann man einen Kredit abzahlen. Deshalb solltest Du immer dafür Sorge tragen, dass die Zinsrate möglichst niedrig und die Tilgungsrate möglichst hoch ist. So kommst Du am schnellsten aus der Schuldknechtschaft heraus. Bemühe Dich trotzdem bereits parallel um Deinen Vermögensaufbau. Das motiviert und ist mindestens genauso wichtig für die finanzielle Freiheit (siehe Buddha-Kapitel)! Folgende Tipps solltest Du beim Kredit umschulden unbedingt beachten.

Schritt # 1: Umschulden nur in Niedrigzinsphasen
Wenn der Leitzins der Notenbank gerade in immer neue Höhen klettert, macht eine Umschuldung wenig bis gar keinen Sinn. Derzeit (Anfang 207) ist der Leitzins aber auf einem historischen Tief. Wenn man umschulden möchte, dann jetzt. Recht viel besser können die Konditionen kaum mehr werden!

Schritt # 2: Zuerst Dispokredite umschulden
Du solltest Dispokredit-Schulden immer den Vorrang geben. Sie sind in der Regel durch Konsumschulden oder unerwartete Ausgaben entstanden und schlagen mit deutlich höheren Zinsen zu Buche, als der Ratenkredit.

Schritt # 3: Vorfälligkeitsentschädigung beachten
Solltest Du ein Baudarlehen umschulden wollen, erhebt Deine Hausbank dafür in der Regel eine sogenannte Vorfälligkeitsentschädigung. Das liegt an der Zinsbindungsfrist, die in der Regel an Baudarlehen geknüpft ist. Wenn Du nun schon vorher auf einen günstigeren Kredit umschulden möchtest, musst Du eine Vorfälligkeitsentschädigung bezahlen. Damit "entschädigst" Du die Bank für die ihr zukünftig entgehenden Zinsen. Rechne also genau aus, ob sich die Umschuldung dann noch lohnt!

Schritt # 4: Verhandle auch mit Deiner bisherigen Bank
Diese Methode lassen die meisten Menschen völlig außer Acht. Dabei ist sie sehr Erfolg versprechend. Deine bisherige Bank kennt Dich bereits als regelmäßigen und zuverlässigen Schuldner. Das solltest Du bezüglich deiner Verhandlungsposition

unbedingt in Betracht ziehen und bei der Bank auch entsprechend zum Ausdruck bringen. Banken haben innerhalb ihrer Kreditrahmen nämlich immer noch einen kleinen Ermessensspielraum, den sie Dir als treuen Kunden zu Gute kommen lassen können!

#5: Ratenkredite genau untersuchen
Du hast heutzutage jederzeit die Möglichkeit einen Ratenkredit zu kündigen. Die Bank darf Dir dafür allerdings – ähnlich der Vorfälligkeitsentschädigung – sogenannte Strafgebühren aufbrummen. Die Strafgebühren dürfen jedoch nicht mehr als ein Prozent des Restes Deines Kredits betragen (z.B. 10.000 Euro Rest = 100 Euro Strafgebühren).

Damit Du nicht unnötig länger teure Ratenkredite bedienst, solltest Du als allererstes eruieren, über welchen Betrag Deine Restschuld besteht (und ob die Bank überhaupt eine Entschädigung/Strafgebühren verlangt). Dann prüfst Du Angebote über den übrigen Kreditbetrag (in unserem Fall 10.000 Euro) und vergleichst sie. Lohnt sich eine Umschuldung, wenn Du die Strafgebühren (in unserem Beispiel 100 Euro) aufschlägst? Entweder konfrontierst Du damit Deine jetzige Bank oder aber Du kündigst den Vertrag und schuldest um.

#6: Bloß keine Restschuldversicherung!
Sie sind unnötig und bringen Dir so gut wie keinen Nutzen. Es sind Zusatzprodukte von Banken, die Dir einen sogenannten Ratenschutz teuer verkaufen wollen. Finger weg und die Kröten lieber in den Vermögensaufbau stecken!

#7: Mehrere Kredite zu einem Kredit umschulden
Bedienst Du womöglich mehrere Kredite mit verschiedenen Laufzeiten und Raten gleichzeitig? Dann macht es häufig Sinn, die Kredite zu einem einzigen großen Kredit umzuschulden. Das

kann dazu führen, dass die monatliche Rate geringer wird als die Summe der bisherigen Raten. Allerdings gilt auch hier wieder: Zuerst etwaige Vorfälligkeitsentschädigungen bzw. Strafgebühren kalkulieren!

Link zum Preisvergleich: http://www.geldsystem-verstehen.de/kredit-umschulden/

 # 5 Versicherungskosten reduzieren

Versicherungen sind ebenfalls ein großer Kostenfaktor in vielen Haushalten. Dabei gibt es jede Menge Versicherungstypen, die man gar nicht wirklich benötigt. Hierfür bitte ich Dich allerdings, Dich an den Versicherungsmakler Deines Vertrauens zu wenden, nachdem Du einige Preisvergleiche im Internet durchgeführt hast. Konfrontiere ihn mit Deinen Ergebnissen und sorge dafür, dass er die notwendigen Schritte einleitet.

Was ich jedoch unbedingt loswerden will, sind die Versicherungen, die aus meiner Erfahrung notwendig sind und jene, die Du als überflüssig betrachten kannst (meine persönliche Meinung!).

Aus einer abstrakten Sicht ist für mich jede Versicherung nicht mehr als ein umgedrehter Kredit.

Warum? Bei einem Kredit bekommst Du das Geld sofort und musst es über eine vereinbarte Zeitspanne zurückzahlen. Bei einer Versicherung, z.B. Lebensversicherung, zahlst Du ein Leben lang ein und bekommst den Geldbetrag am Ende. Bei anderen Versicherungen bekommst Du ihn vielleicht nie (weil Du sie nie in Anspruch nimmst).

Versicherungen, die Sinn machen (können):
- Gesetzliche Krankenversicherung, Pflicht
- Haftpflichtversicherung, Pflicht
- KFZ-Versicherung bei KFZ-Besitz, Pflicht
- Hausratversicherung, optional
- Berufsunfähigkeitsversicherung, optional
- Unfallversicherung, optional
- Rechtsschutzversicherung, optional
- Private Pflegeversicherung, optional

6 Sonstige Verbindlichkeiten reduzieren

Unbedingt erwähnen möchte ich in diesem Atemzug weitere Verbindlichkeiten, die häufig durch Abonnements entstehen. Abonnements sind fiese Kostenfallen. Auf den ersten Blick wirken sie nämlich nur selten kostenintensiv. Auf die Zeitdauer eines Jahres gerechnet, läppern sich hier allerdings große Beträge zusammen. Deshalb habe ich angefangen mich von Abonnements zu befreien. Am Ende des Tages ist hier eine Menge Geld und Zeit einzusparen. Einige Beispiele:
- Pay TV kündigen (Sky, Kabel Deutschland, Netflix, Maxdome, Amazon Video, etc.)
- Amazon prime kündigen
- Hochglanzmagazine kündigen (und lieber die alten lesen oder aus der Bibliothek ausleihen)
- Zeitungsabonnement kündigen (optional, ich selbst komme sehr gut ohne zurecht. Als Ersatz empfehle ich „Die ZEIT", da diese nur einmal wöchentlich herauskommt und dementsprechend günstiger ist)
- kostenpflichtige Internetdienste kündigen (eMail-Postfach, Antivirus-Programme, etc.)
- Konten mit Kontoführungsgebühren kündigen
- Fitnessstudio kündigen (draußen Sport zu treiben ist gesünder und kostenlos!), usw.

Damit möchte ich dieses Kapitel schließen. Allein diese 8 Punkte konsequent einzuhalten und den Überschuss auf ein Sparkonto einzuzahlen, würde ausreichen, ein finanziell freies Leben zu führen. Ich hoffe sehr, dass Du allein damit eine Menge hilfreicher Denkansätze gewinnst, wie Du alltägliche laufende Kosten tatsächlich minimieren kannst.

Sei dies durch Teilen mit anderen, den Konsum gebrauchter Artikel, einem veränderten Lebensstil, oder der Befreiung der erdrückenden Kosten laufender Verbindlichkeiten. Darüber hinaus gibt es eine ganze Reihe weiterer Spartipps. Allerdings erspare ich Dir in diesem Buch, wie einleitend gesagt, triviale Tipps, die Du selbst mit jeder Google Suche finden kannst und führe daher nur jene auf, die wirklich praktikabel und auch Aussicht auf nachhaltigen finanziellen Erfolg haben. Sie sind in derselben Reihenfolge aufgeführt, wie sie in Deinem Haushaltsbuch aufschlagen. Dadurch kannst Du anhand Deines Haushaltsbuches direkt mitverfolgen, ob bei dem ein oder anderen Punkt für Dich Einsparpotentiale vorhanden sind.

9. 59 weitere, wirklich praktikable Spartipps für den Alltag

„Geld ist nur ein Werkzeug. Es bringt dich überall hin.
Aber es ersetzt dich nicht als den Fahrer."
~ Ayn Rand

Grundsätzlich musst Du verstehen, dass es keine goldene Pille für Sparmaßnahmen gibt. Es geht vielmehr darum, zu verstehen, dass Kleinvieh eben auch Mist macht. Das ist das A und O! Deshalb sind auch Tipps, die uns allen geläufig sind, wichtig und wertvoll. In der Summe werden daraus nämlich schnell einige Hundert Euro. Ich hoffe sehr, dass Du mit diesen Tipps Deinem großen Ziel um einen Quantensprung näher kommst.

Miete/Eigenheim:
- Umzug in eine günstigere Wohnung
- Vermiete überschüssige Zimmer unter (dauerhaft oder kurzfristig über AirBnB)
- Eigenheimdarlehen umschulden (und damit von der Niedrigzinsphase profitieren)

Strom und Heizen:
- Nutze Schongarer. Dadurch kannst Du Deine Koch-Energiekosten extrem reduzieren (Beispiel: Andrew James Schongarer für nur 25 Euro)
- Nutze die Restwärme beim Kochen. Herdplatten strahlen noch ca. 20 Minuten Wärme ab, nachdem man die Platte abgedreht hat. Drehe sie also deutlich früher ab und nutze lieber einen Deckel.
- Pfannen und Töpfe sollten genau zur Größe der Herdfläche passen. In Kombination mit einem Deckel kannst Du dadurch mehr als die Hälfte des Stromverbrauchs beim Kochen einsparen!
- Wasserkocher benötigen sehr viel weniger Energie als das Erwärmen von Wasser auf dem Herd. Nutze Wasserkocher aus Glas oder Edelstahl, um nicht giftiges Plastik zu kochen!
- Stelle Deine Heizung grundsätzlich eine Stufe niedriger ein, als Du dies normalerweise tust. Drehe sie in kalten Monaten außerdem nie ganz ab, um eine zu starke Auskühlung der Räume zu vermeiden (Schocklüften statt Fenster Kippen). Als Faustregel gilt: 18-20 Grad Innenraumtemperatur sind ideal. Jedes Grad weniger spart ungefähr zehn Prozent Energiekosten! Zudem kannst Du die Heizkosten senken, wenn Du abends die Rollläden schließt.
- Solaranlagen können Heizkosten in beträchtlichem Maße einsparen. In Kombination mit einer Photovoltaikanlage spart man zudem Strom, erhält eine Einspeisevergütung und kann Fördergelder der KfW in Anspruch nehmen.

- Auch gute Dämmungen können Heizkosten signifikant senken und werden subventioniert. Fenster und Türen können auch mit wenig Geld leicht und günstig abgedichtet werden – z.B. mit Zugluftstoppern.
- Kaufe teures Heizmaterial stets antizyklisch. Das heißt, das Öl-, Gas- oder Holzpolster lieber im Sommer kaufen, da ist es meist deutlich günstiger!
- Das Gefrierfach muss nicht kälter als -18 Grad und der Kühlschrank nicht kälter als 7 Grad, sein. Beide sollten in einem möglichst kühlen Umfeld stehen. Die Türen sollten immer nur kurz geöffnet und keine warmen Speisen hineingestellt werden! Außerdem solltest Du den Gefrierschrank regelmäßig abtauen, das spart massig Energie!
- Wäsche bei 30 Grad zu waschen reicht aufgrund der Intensität der modernen Waschmittel völlig. Ist die Wäsche wirklich dreckig, kannst Du sie auch mal auf 40 Grad waschen. Für Bett- oder Unterwäsche sind auch 60 Grad möglich. 90 Grad bzw. Vorwäsche sind nur für die Keimdesinfektion (z.B. im Krankenhaus, bzw. wenn man wegen einer Krankheit stark schwitzt) nötig. Waschen bei hoher Temperatur verbraucht doppelt so viel Strom. Da auch der Energieverbrauch bei jedem Waschgang identisch ist, immer nur volle Waschmaschinen starten!
- Backen bei Umluft garantiert einen schnelleren Garprozess bei niedrigerer Temperatur und braucht damit weniger Strom.
- Elektrogeräte, die gerade nicht benutzt werden, sollten immer vom Stromnetz getrennt werden (Ladegeräte ziehen auch dann Strom, wenn sie gerade kein Gerät aufladen). Ideal eignen sich hierfür Kippschalter. Schließlich frisst auch der Stand-by Betrieb Strom, kostet Geld und schadet der Umwelt.

- Traditionelle Glühbirnen sind nicht annähernd so schlecht, wie sie gemacht werden. Sie halten wesentlich länger als LED-Birnen oder Energiesparlampen. Die traditionelle Glühbirne kann locker 100 Jahre brennen. Darüber hinaus imitiert sie das Farbspektrum des Sonnenlichts deutlich besser und spendet sogar Wärme. Somit kannst Du gerade im Winter Heizkosten und der Umwelt schädliches Quecksilber sparen! Die Beleuchtung ist für bis zu 20 Prozent des Stromverbrauchs im Haushalt verantwortlich. 40 Watt Glühbirnen reichen daher völlig!

Lebensmittel (Konsumeinkäufe):
- Bereite Dein Mittagessen für die Arbeit oder die Uni Zuhause vor, oder nimm das Abendessen vom Vortag mit. Dasselbe gilt für Getränke. Ich fülle mir morgens zwei Flaschen Wasser ab und fülle sie mit Ingwerstückchen und zudem eine Flasche mit grünem Tee (ich nutze Glasflaschen wegen des Geschmacks und der Gesundheit). Die Kosten belaufen sich vielleicht auf maximal 50 Cent. Dafür bin ich den ganzen Tag extrem konzentriert und wach. Gut ausgestattet aus dem Haus zu gehen gilt übrigens für die gesamte Grundausstattung (Kugelschreiber, Getränke, Taschentücher, etc.). Es geht darum, sich anzugewöhnen, keine unbedachten Spontankäufe mehr zu tätigen. Allein mit diesem Vorgehen kannst Du im Jahr mehrere Hundert Euro einsparen.

- Dasselbe gilt für den modischen Coffee-to-go am Morgen. Ich sehe so viele Menschen, die im Jahr hunderte Euro zum Fenster hinauswerfen, weil sie morgens beim Bäcker oder dem Coffeeshop versorgen. Ich habe hierfür zwei Verbesserungsvorschläge mit Einsparpotential. Entweder 5 Minuten früher aufstehen und den Kaffee noch zuhause trinken oder Dir den Kaffee zum Mitnehmen zuhause vorbereiten. Dafür kannst Du Dir entweder Pappbecher kaufen (Kaffeebecher kosten ca. 5 Cent/Stück) oder Edelstahl-Thermobecher (deutlich umweltfreundlicher) nutzen.
- Umsonst essen und das sogar für einen guten Zweck? Ja, dank unseres ständigen Überkonsums ist auch das möglich! So kann man z.B. bei foodsharing.de oder auch über diverse lokale Facebook-Gruppen (z.B. Foodsharing München, Berlin, etc. oder andere „Schenkgruppen") Lebensmittel geschenkt bekommen, die bald ablaufen oder schlicht nicht mehr konsumiert werden. Damit spart man sich nicht nur den Einkauf, sondern bewahrt Essen, das eigentlich weggeworfen worden wäre, vor dem Müll – Win, Win für alle!
- Dumpstern oder Containern, zu Deutsch Mülltauchen, ist eine weitere Win-Win Möglichkeit für alle Uneitlen. Es geht dabei darum, abgelaufene, aber noch genießbare Lebensmittel, aus dem Supermarktmüll zu retten. Ich habe das früher einmal wöchentlich gemacht und Obst und Gemüse im Überfluss „herausgetaucht". Damit konnte ich meine Lebensmittelausgaben extrem senken. Manche „Taucher" geben sogar nur noch 25-30€ Lebensmittel/Essen pro Monat aus. Auch hierfür gibt es lokale Facebook-Gruppen (zumindest in jeder größeren Stadt), um sich auszutauschen. Aber Achtung, die Rechtslage hierzu ist etwas prekär (siehe Wikipedia).

- Wer, wie ich, vom Gedanken an ein autarkes Leben fasziniert ist, kann damit beginnen, zuhause Gemüse und Obst anzubauen. Von Strategien, die gleich mehrere Vorteile mit sich bringen, bin ich immer besonders begeistert. Gemüse, Kräuter und Obst selbst anzubauen gehört definitiv dazu. Bei gewissen Pflanzen, z.B. Tomaten oder Gurken, kann man damit ordentlich Geld einsparen. Darüber hinaus sind die Lebensmittel frisch und ungespritzt (und damit besonders gesund und lecker) und haben keine weiten Transportwege hinter sich (was die Umwelt freut). Zudem ist die Befriedigung bzw. der Genuss selbst produzierte Lebensmittel zu konsumieren sowie die und Wertschätzung ihnen gegenüber unvergleichlich höher. Die Ausrede, zu wenig Platz, kann ich nicht gelten lassen. Denn selbst auf dem Fensterbrett oder Balkon lässt sich effektiv anbauen.
- Vermeide unbedingt bargeldloses Zahlen, denn dadurch gibst Du meistens meist mehr aus, als Du willst und verlierst das Gefühl für Geld.
- Auch beim Einkaufen an sich kannst Du Geld sparen. Gewöhne Dir an, nur noch mit Einkaufsliste zum Supermarkt zu gehen. Das sollte weder unter Stress noch Hunger passieren. Dadurch vermeidest Du unnötige Spontankäufe. Darüber hinaus bieten Discounter unter dem Deckmantel einer Eigenmarke häufig Produkte bekannter Marken an. Ein beträchtlicher Preisanteil fließt bei Markenprodukten nämlich in die Marketingabteilung des jeweiligen Konzerns, oder in die Taschen der Investoren und/oder Aktionäre. Diese unnötige Ausgabe kannst Du vermeiden. Bei wer-zu-wem.de kannst Du sogar nachforschen, welche Eigennamen hinter welchen Markenprodukten stecken (als Inspiration kannst Du ja den Artikel der SZ „Diese Marken stecken hinter No-Name-Artikeln im Discounter" lesen). Die vermeintlichen No-Name-Artikel befinden sich in der Regel im unteren Bereich des Regals, in der so genannten "Bückzone".

- Montags sind Lebensmittel im Supermarkt in der Regel am günstigsten.
- Kaufe unverderbliche Waren nur im Sonderangebot. Viele Produkte des täglichen Gebrauchs kannst Du auf Vorrat kaufen (siehe „das Klopapier-Prinzip"), wenn sie im Sonderangebot sind. Dazu gehört z.B. Zucker, Tee, Toilettenpapier, Batterien, Spülmittel, Waschmittel, etc.
- Kaufe regional und saisonal. In der Regel ist regionales Obst und Gemüse preiswertester als Importware (dazu frischer, gesünder und umweltfreundlicher).
- Brot selbst zu backen ist genial. Es benötigt wenig Aufwand (backe gleich mehrere Brote mit nur einmal Ofen heizen und friere sie ein). Das ist deutlich günstiger (Gesamtkosten ca. 0,8 Euro), gesünder und schmeckt sogar besser.
- Du denkst, selber zu kochen ist teurer als die Kantine oder ein Fertiggericht? Selten so getäuscht! Wirf einfach mal einen Blick auf Omas-1-Euro-Kochrezepte.net. Dort findest Du Mahlzeiten, die maximal einen Euro kosten. Auf daskochrezept.de findest Du zudem tolle Gerichte, die nicht mehr als 3 Euro kosten.

Gesundheit:
- Passe gut auf Deine Zähne auf. Das heißt mindestens zweimal pro Tag putzen und mindestens zweimal pro Woche Zahnseide nutzen. Probleme mit den Zähnen können nämlich schnell extrem teuer werden.
- Statt der Mitgliedschaft im Fitnessstudio, einer laufenden Verbindlichkeit, kannst Du auch an der frischen Luft Sport treiben. Hierfür reicht Dein Körpergewicht vollkommen aus und selbst eine kleine Ausstattung (gebraucht über Ebay Kleinanzeigen), amortisiert sich sehr rasch.

- Lasse Dir - wenn möglich - Massagen vom Arzt verschreiben. Gerade bei jüngeren Menschen gegenüber sind die Ärzte noch „gnädig" gestimmt. Außerdem übernehmen viele Krankenkassen zum Beispiel bis zu 80 Prozent osteopathischer (oder anderer alternativer) Behandlungen. Wähle Deine Krankenkasse also nach dem Leistungsspektrum, das besonders gut zu Dir passt und profitiere von ihrem Leistungsangebot (z.B. Bonuspunkte für Rückzahlungen am Jahresende, etc.).

Haushalt:
- Lasse Deine Haare von (D)eine(r/m) Freund(in) oder dem Azubi im Friseurladen kostenlos schneiden.
- Gerade Spülmittel ist in der Regel deutlich zu intensiv dosiert und wir nutzen davon ohnehin zu viel. Du kannst Handspülmittel daher immer zur Hälfte in eine leere Spülmittelflasche umfüllen und dann mit Wasser auffüllen. Das neue Gemisch reinigt genauso gut, wie pures Spülmittel.
- Wäsche mit einem hässlichen Grauton kannst Du wieder weißwaschen, indem Du Eierschalen in einem gut verschlossenen Beutel in die Waschmaschine gibst und mit wäschst.
- Gerade Küchenabfälle eignen sich hervorragend als schneller Sofortdünger (statt dem teuren aus dem Fachhandel). Dazu zählen insbesondere der Kaffeesatz und Eierschalen (bzw. das abgekühlte Eier-Kochwasser). Für andere biologische Küchenabfälle kannst Du im Do-It-Yourself Verfahren schnell und günstig einen Bokashi-Eimer selbst bauen (Tutorial in YouTube oder Google) oder günstig kaufen. Er kostet keine 20 Euro und ermöglicht Dir, fortan, schnell und sauber direkt in Deiner Küche zu kompostieren.
- Zum Waschen kannst Du statt teurem Waschmittel einfach Waschnüsse oder Kastanien nutzen (supergünstiges Beispiel: http://www.smarticular.net/waschmittel-aus-kastanien-herstellen/).

- Der Trockner, solltest Du einen besitzen, gehört unbedingt abgeschafft. Das spart enorm viel Strom und die Wäsche an der frischen Luft zu trocknen ist ohnehin gesünder.
- Installiere einen Sparduschkopf: Ein spezieller Wasserspar-Duschkopf reduziert den Wasserverbrauch beim Duschen durch die Beimischung von Luft um bis zu 35%. Du kannst diese Duschköpfe bereits ab 20 Euro kaufen. Selbst bei einem Ein-Personen-Haushalt, sparst Du die Anschaffungskosten - bei nur 15 Minuten täglicher Dusche - bereits nach zwei Monaten wieder ein!
- Installiere einen Durchflussbegrenzer: Das ist ein kleiner Stahlregler, den Du direkt am Wasserhahn oder vor dem Duschkopf montierst (bei Durchlauferhitzern aufgrund des Wasserdrucks allerdings nicht empfohlen). Er verringert die durchfließende Wassermenge und kann bis zu 50 Prozent Wasser einsparen! Durchflussbegrenzer bekommst Du bereits ab 3 Euro im Handel.
- Die Heizwärme zu reflektieren finde ich eine ebenfalls genial. Einmal installiert profitierst Du davon ein Leben lang. Alles was Du dafür benötigst, ist eine spezielle Reflektionsfolie, die zwischen Heizkörper und Wand anzubringen ist. Damit sparst Du bis zu 40 Euro pro Jahr und Heizkörper! In einer Wohnung kommen dadurch schnell einige Hundert Euro zusammen - und das mit minimalem Aufwand! Die Folie wirft die vom Heizkörper produzierte Wärme zurück in den Raum und minimiert dadurch etwaige durch Außenwände. Eine Folie bekommst Du bereits ab wenigen Euro. Sie hat sich daher schon nach wenigen Monaten voll amortisiert!
- Wenn im Haushalt etwas defekt ist, muss nicht immer gleich der teure Meister-Handwerker kommen. Auf Handwerker-portalen wie my-hammer.de oder blauarbeit.de findest Du in der Regel deutlich günstigere Angebote.

- Möbel kannst Du auch selbst Herstellen. Das hat uns nicht erst die DIY-Bewegung gezeigt. DIY steht für „do it yourself". Mein Schreibtisch besteht zum Beispiel aus einer Holz-Spanplatte sowie zwei Böcken. Das war's. Kosten? Weniger als 40 Euro. Dabei ist er schöner und handlicher als die meisten vorproduzierten Schreibtische. Für jeden Möbeltyp gibt es hunderte kostenfreie YouTube Tutorials. Eine tolle DIY-Seite ist younghouselove.com (sogar mit Podcast, allerdings englisch) oder stylinrooms.de!

Mobilität:
- Benzin und Diesel sind bei freien Tankstellen billiger als bei Marken-Tankstellen.
- Pumpe Deine Autoreifen auf (Druck prüfen, wenn die Reifen kalt sind). Dadurch entsteht deutlich weniger Reibung und Du senkst Deinen Spritverbrauch damit um ca. 5 Prozent.
- Vorausschauend und untertourig zu fahren (ausrollen lassen, langsam beschleunigen, früh hochschalten und spät zurückschalten) sowie Kurzfahren zu vermeiden spart bis zu 25 Prozent Sprit!
- Säubere (kräftig durchpusten) oder wechsle den Luftfilter (neu ca. 10 Euro) Deines Autos regelmäßig. Dadurch reduzierst Du den Spritverbrauch um ca. 7 Prozent.
- Die Klimaanlage ist für ca. 20 Prozent des Kraftstoffverbrauchs verantwortlich!
- Fahre unbedingt, wann immer es geht, mit dem Fahrrad oder gehe zu Fuß. Der Drahtesel ist nicht selten schneller, er hält fit und Du kannst Dir zusätzlich die komplette Kilometerpauschale gegenüber dem Finanzamt (oder manchmal auch des Arbeitgebers bei Dienstwagen) einstreichen. Das gilt auch für Fahrgemeinschaften!
- Sprich mit Deiner Kfz-Versicherung. Sie bieten manchmal billigere Rabatte an, weil Du schon lange unfallfrei fährst, eine Frau bist, eine Garage hast, etc.

Internet und Handy:
- Melde Dich von allen Newslettern ab, die Du länger als einen Monat nicht mehr gelesen hast. In der Regel handelt es sich dabei um Werbung. Dadurch vermeidest Du, zum Kauf von Dingen verführt zu werden, die Du derzeit nicht brauchst bzw. Dir gar nicht leisten kannst.
- Einen Laptop mit DVD-Laufwerk kannst Du direkt an Deinem Fernseher anschließen (und den alten DVD-Player z.B. bei rebuy.de verkaufen oder verschenken).
- Überprüfe einmal im Jahr Internet- und Handytarife. Ich zahle zum Beispiel bei Deutschlandsim nur 12,99€ für 240 Freiminuten und 100 frei-SMS in alle Netze sowie mobiles Internet.

Steuern:
- Du kannst die Steuerberatung (egal ob per Buch, Software oder Fahrten zum Finanzamt oder Steuerberater) absetzen.
- Gerade die Bewerbungskosten (Mappen, Fahrten zu Vorstellungsgesprächen, etc.) werden häufig vergessen von der Steuer abzusetzen.
- Jede Ausgabe die Deine Krankenkasse nicht anerkennt, darfst Du geltend machen.
- Spenden (siehe Buddha-Kapitel) sind mit einer Quittung voll steuerlich absetzbar!
- Antike kostbare Möbel wie einen Bauernschrank oder Jugendstilsessel kannst Du, wenn diese im Büro stehen, abschreiben.
- Wenn Du von zuhause aus arbeitest, kannst Du Deinen Laptop von der Steuer absetzen.
- Auch viele Haftpflichtversicherungen lassen sich von der Steuer absetzen.

Damit solltest Du erstmal versorgt sein. Aus meiner Sicht ist die Summe dieser Tipps, langfristig dazu in der Lage, Deine Lebenshaltungskosten, sonstige Ausgaben und laufenden Verbindlichkeiten zu halbieren. Mir ist es dadurch gelungen, meine Gesamtausgaben auf ca. 600 Euro monatlich zu reduzieren. Das wiederum hat mir die Möglichkeit eröffnet, meinen alten Vollzeitjob zu kündigen und nun nur noch 2 Tage die Woche als Angestellter zu arbeiten. Das wiederum hat mir den zeitlichen Freiraum geschaffen, die anderen 5 Tage meiner großen Leidenschaft und Berufung zu folgen - dem Schreiben. Mein Traum ist es, wenn dieses Buch dazu beiträgt, dass auch Du dadurch in die Lage versetzt wirst, einen ähnlichen Weg einzuschlagen oder wenigstens Deine Freizeit maximieren und Dir zudem ein (kleines) Vermögen aufbauen kannst.

10. 11 außergewöhnliche Spartools für den Alltag

*„Um jemanden zu verstehen,
finde heraus, wie er sein Geld ausgibt."*
~ Mason Cooley

Bevor ich nun zu der abschließenden Strategie komme, wie Du Dein verfügbares Einkommen am besten aufteilst, möchte ich noch kurz auf einige hochinteressante Werkzeuge eingehen. Einige Tools sind derzeit zwar nur in den USA nutzbar, doch die Chancen stehen gut, dass sich dies bald ändern wird - und dann bist Du der Erste, der davon profitieren kann.

Tool # 1 LearnVest
LearnVest ist eine (englischsprachige) Plattform, auf der Du Dir sogar einen Finanzplan in Zusammenarbeit mit einem Mitarbeiter erstellen lassen kannst. Du hältst Dich damit finanziell auf dem Laufenden und investierst täglich etwas Zeit in Deine finanzielle Zukunft. Du kannst diesen Service, auch als App, kostenlos testen und Dich erst später für oder gegen eine bezahlte Version entscheiden.

Tool # 2 Clinc
Die Idee von Clinc finde ich absolut genial. Deshalb, weil es das Sparen für Dich automatisch übernimmt und ständig dazulernt! Stand 06/2017, ist sie in der Launchphase der Vollversion und wird sehr bald verfügbar sein. Dann musst Du diese (Web-)App lediglich mit Deinem Girokonto verbinden und sie kann ihren algorithmischen Dienst aufnehmen. Es findet dann, anhand lau-

fender Analysen Deiner Ausgabegewohnheiten, automatisch kleine Beträge, die es für Dich ganz automatisch auf ein extra Konto überträgt und anspart. Du kannst sogar ein Sparziel angeben, auf das die App für Dich hinspart.

Tool # 3 Acorns
Die (Web-)App „Acorns" ist eine interessante Erweiterung oder Alternative zu Digit, die derzeit jedoch nur in den USA nutzbar ist. Die App rundet jeden Einkauf, den Du über die Kreditkarte tätigst, auf, und investiert den aufgerundeten Betrag in ein diversifiziertes Aktienportfolio. Diese Vorgehensweise ist viel versprechend. Damit erzeugst Du auf lange Sicht - und ohne es wirklich wahrzunehmen - einen passiven Einkommensstrom, der Dir aus Ausgaben bzw. Einsparungen zusätzliches Geld generiert. Die Kosten sind gering. Unter 24 Jahren ist der Service kostenfrei, anschließend berechnet er einen Dollar pro Monat, solange Dein Portfolio 5.000 USD nicht überschreitet.

Tool # 4 Fastbill
Fastbill ist ein geniales Online-Programm zur digitalen online Rechnungsverwaltung. Gerade für Selbstständige eignet es sich hervorragend. Aber auch Angestellter können davon profitieren. Man hat die Möglichkeit, seine Einnahmen und Ausgaben (mitsamt Quittungen, die Du in die Cloud laden kannst) im Blick zu behalten. Mit Fastbill kannst Du ganz leicht Angebote und Rechnungen für deine Kunden erstellen. Dadurch hast Du Deine privaten oder geschäftlichen Finanzen immer im Griff. Die läppischen 5 Euro / Monat sind für diesen Service extrem gut investiert (wenngleich es natürlich eine laufende Verbindlichkeit ist).

Tool # 5 Billig tanken mit dem Tank Navigator
Mit der kostenlosen Android-App „Tank Navigator - billig Tanken" kannst Du in Windeseile checken, wo sich in Deiner Umgebung gerade die günstigste Tankstelle befindet. Wenn Du

allerdings per Nachricht über tägliche Preisänderungen informiert werden willst, kostet der Service extra. Ist aus meiner Sicht allerdings auch überflüssig, solange Du die Regel beachtest, während der Woche nur zwischen 18 und 20 Uhr zu tanken. Dann ist der Sprit am günstigsten.

Tool # 6 Nie wieder Kündigungsfristen verpassen
Die App „Aboalarm" ist ein absolutes Muss. Sie behält für Dich alle laufzeitabhängigen Verträge im Auge. Dieser Punkt ist, wie Du weißt, unabdingbar, um Deine Verbindlichkeiten so gering wie möglich zu halten. Die App gibt Dir Bescheid, sobald eine fristgerechte Kündigung bevorsteht. Das Tolle daran? Du kannst das entsprechende Formular für nur 99 Cent (also kaum teurer als ein Brief) von der App selbst aus verschicken (die App verfügt über mehr als 16.500 Kündigungsadressen).

Tool # 7 Preistransparenz durch Sparpionier
Die App „Sparpionier" erleichtert Dir den Preisvergleich beim Einkaufen. Sie vergleicht für Dich die Werbepreise deutscher Supermärkte und zeigt Dir die Güte der Preise an! Wenn Du diese App direkt im Laden öffnest, kannst Du sofort erkennen, ob es sich wirklich um einen guten Preis handelt.

Tool # 8 Internet-Telefonie
Anfangs stand ich der App „Whatsapp" (aus Datenschutzgründen) noch negativ gegenüber. Mittlerweile überwiegen für mich jedoch eindeutig die Vorteile. Nicht das kostenlose Texten, sondern vor allem die kostenlose Internettelefonie hat mich überzeugt. So kann ich kostenlos mit meiner Freundin in Mexiko und meinem Kumpel in Äthiopien telefonieren!

Tool # 9 Bekomme optimale Verkaufspreise
Die App „Werzahltmehr" ist, wenn Du bei Deiner monatlichen Aufräumaktion auf Dinge stößt, die Du verkaufen willst, ein

toller Service. Du musst lediglich den Produkttyp eingeben bzw. nur den Strichcode einscannen und erhältst automatisch einen Preisvergleich der verschiedenen Ankauf-Plattformen.

Tool # 10: Konz Tipps
Die kostenlose App „Konz Tipps" ist ebenfalls ein Muss für das Smartphone. Sie stellt Dir die 30 besten Steuertipps zu den Themenbereichen Altersvorsorge, außergewöhnliche Belastungen, doppelte Haushaltsführung, Entfernungspauschale, Firmenwagen, Kinderfreibetrag und Werbungskosten zur Verfügung.

Tool # 11 Nie wieder Lebensmittel wegschmeißen
Solltest Du überschüssige Lebensmittel, z.B. nachdem Du Containern warst, zuhause liegen haben oder möchtest vermeiden, schrumpeliges Gemüse und trockenes Brot wegzuschmeißen, dann ist die kostenlose App, „Zu gut für die Tonne", wie für Dich gemacht! Sie zeigt Dir nicht nur eine Reihe leckerer Rezepte zur Resteverwertung, sondern gibt Dir auch Tipps zur perfekten Lagerung von Lebensmitteln. So halten Deine Einkäufe demnächst auch länger.

11. Bonus-Kapitel: Die Buddha-Spar und Investitionsregel

„Ein Mangel an Geld ist niemals ein Problem.
Ein Mangel an Geld ist nur ein Symptom dessen, was wirklich passiert."
~ T. Harv Eker

Du bist nun bis an die Haarspitzen mit praktikablen Spartipps und Spartools ausgestattet. Auch die richtige geistige Einstellung hast Du Dir im Laufe des Buches angeeignet. Das Ziel dieses Buches wäre damit eigentlich erreicht. Doch aus meiner Sicht reicht das noch nicht aus, um erste Schritte in die finanzielle Freiheit zu tun. Dazu gehört nämlich auch der Vermögensaufbau.

Dafür habe ich lange nach einer Strategie gesucht. Sie sollte einfach durchzuführen sein, gut funktionieren und und alle Bereiche, die mir wichtig sind, abdecken. Per „Zufall", ich recherchierte damals zu einem vollkommen anderen Thema, bin ich dann vor vielen Jahren über die aus meiner Sicht perfekte Strategie gestolpert. Sie habe ich in einem anderen Buch („Der Hamster verlässt das Rad") veröffentlicht und hier möchte ich sie Dir, als Bonuskapitel, an die Hand geben. Buddha äußerte sich nämlich bereits vor tausenden Jahren zum Thema „Geld". In seinen Beschreibungen wird deutlich, wie wichtig es ist, Geld in mehrere Posten aufzuteilen. Buddha hat dieses Thema in einer herausragenden und allumfassenden Sichtweise beleuchtet. Sie besitzt noch heute, zweieinhalb Tausend Jahre später, absolute Gültigkeit. In der sogenannten „Adhiya-Sutra" empfiehlt er ganz pragmatisch, die Einteilung des Einkommens in 4 Teile.

11.1 Der erste Teil des Einkommens ist für Dich gedacht

Bevor wir uns um Andere kümmern, müssen wir unseren Verpflichtungen nachkommen. Deshalb soll ein Teil Deines Einkommens aufgewendet werden, um Verbindlichkeiten zu bezahlen. Buddha zählt dazu auch den täglichen Konsum sowie Vergnügungen. Dieser Geldteil deckt somit sowohl Versicherungen, das Auto, die Miete, den Schuldendienst, den Einkauf von Lebensmitteln, als auch Urlaub, Besuche im Freizeitpark oder das allsamstägliche Shopping-Erlebnis ab.

11.2 Teil zwei dient als Polster

Das Bargeldpolster soll unvorhergesehene Ausgaben abfedern. Es dient als moderner Notgroschen (hierfür eignet sich z.B. die Clinc-App). Damit stellst Du sicher, dass Dein laufendes Geschäft nicht wegen kleinerer oder größerer spontaner Ausgaben in die Bredouille gerät oder Du gar in existentielle Probleme rutschst. Dieses Polster ist wichtig, da es Dir eine finanzielle Sicherheit vermittelt, das ein wachsendes Freiheitsgefühl hervorruft. Es ist Geld, das Du besitzt und dem Du nicht mehr nachlaufen musst. Somit ist es das Mittel zur Freiheit und jenes, Dich aus der Knechtschaft zu lösen!

Es ist deshalb ratsam, diesen Betrag bereits am Monatsanfang auf ein Sparkonto zu transferieren. Das ist extrem wichtig, um zu lernen, Dich mit dem Rest zu arrangieren.

11.3 Teil drei fließt in Dein Geschäft

Die Lehren Buddhas sind pragmatischer Natur. Das zeigt auch die Empfehlung für den dritten Teil Deines Einkommens. Darin geht es um eine mögliche Selbstständigkeit oder sogar die finanzielle Freiheit.

Buddha rät uns, diesen Teil in das eigene Saatgut zu investieren.

Übertragen spricht er davon, einen Teil unseres Einkommens in die (Weiter)Bildung, Selbstständigkeit und / oder das Investorentum zu reinvestieren. Diese Handlungsempfehlung entspricht damit dem Aufbau von Vermögen, zusätzlichem Wissen und weiteren Fähigkeiten.

Ich habe diese Empfehlung genutzt, um diesen Posten zweizuteilen.
Eine Hälfte lege ich zurück, um mir damit Seminar, Bücher und Kurse leisten zu können. Damit erweitere ich meinen Wissensschatz und verbessere meine Fähigkeiten.
Die andere Hälfte investiere ich in Wertpapiere, wie Aktien und ETFs. Auch diese „Ausgabe" tätige ich bereits am Monatsanfang.

11.4 Spende Teil Vier

Ein universales Gesetz besagt - „gib und Dir wird gegeben!" Um Anderen zu helfen schlägt Buddha vor, den vierten Teil des Einkommens zu spenden. Dabei bleibt es Dir selbst überlassen, wen oder welche Organisation Du unterstützen willst. Diese Geldsumme setzt Du also wirklich sinnvoll ein. Du hilfst damit jenen, die im Gegensatz zu Dir, von Kindesbeinen an schlechte Voraussetzungen vorfinden. Ihre Vorbedingungen, sich einfach selbst zu befreien, sind sehr viel heikler, als es unsere jemals sein könnten. Deshalb spende ich per Dauerauftrag Monat für Monat einen festen Betrag. Auch diese „Ausgabe" tätige ich bereits am Monatsanfang.

Klingt diese Strategie für Dich attraktiv genug, um Dich Buddhas Empfehlungen anzuschließen? Wenn ja, dann wirst Du Dich jetzt sicherlich fragen:

„Zu welchen Teilen soll ich den kleinen oder großen monatlichen Geldkuchen denn aufteilen?"

Genau dazu hat Buddha - ich denke ganz bewusst - keine Angaben gemacht. Es liegt ganz und gar in Deinem eigenen Ermessen. Du musst diese Entscheidung anhand Deiner Möglichkeiten und Präferenzen selbst treffen! Hast Du allerdings einmal eine gewisse Aufteilung festgelegt, ist es ratsam, diese beizubehalten. Damit schaffst Du Dir eine monatliche Routine und führst in jeder Hinsicht ein diszipliniertes, vernünftiges und ausgeglichenes Haushaltsbudget. Darüber hinaus hilfst Du selbst mit wenigen Euro im Monat anderen Menschen und gibst etwas von Deinem finanziellen Überfluss zurück.

12. 5 ultimative Motivationstipps und -Tricks

„Geld garantiert keinen Erfolg."
~ José Mourinho

Glückwunsch! Du hast nun ein wirklich fundamentales Geld-Grundwissen und verfügst über eine unfehlbare und über Jahrtausende bewährte Strategie finanzielle Freiheit aufzubauen. Nichtsdestotrotz wirst Du hin und wieder Motivationsschwierigkeiten bekommen. Das kenne ich nur zu gut! Sie treten vor allem dann auf, wenn man auf etwas „verzichten" muss, oder auf Hindernisse stößt. Den Weg dann unbeirrt weiterzugehen trennt aus meiner Erfahrung allerdings die Spreu vom erfolgreichen Weizen. Genau deshalb möchte ich Dir hier noch einige kurze Motivationstipps an die Hand geben, damit Du das Engagement und den Optimismus niemals verlieren mögest.

12.1 Erinnere Dich an das Warum

Diesen Trick wende ich nahezu jeden Morgen an. Er motiviert mich bereits morgens im Bett. Ich stelle mir das Endresultat (meine utopische Wunschvorstellung) meiner Anstrengungen vor. Egal ob dies nun „Geld sparen" oder „Vermögen aufbauen" oder meine „Selbstständigkeit" anbelangt. Es löst positive Emotionen aus, die immer stark genug sind, mich zu überwinden und extra Anstrengungen zu unternehmen.

12.2 Erstelle Deine Morgenroutine

Die sogenannte Morgenroutine ist die vielleicht wichtigste Erfolgsgewohnheit überhaupt. Sie unterscheidet alle (finanziell) erfolgreichen Menschen von den weniger erfolgreichen. Es gibt kaum einen erfolgreichen Menschen, der nicht auch täglich eine produktive und erfolgsgenerierende (Morgen)Routine durchführt. Wie Du Deine Morgenroutine für Dich individuell nutzt, musst Du selbst herausfinden. Integriere dafür die für Dich wirksamsten Methoden und Techniken in ein Ablaufschema, das Du jeden Morgen identisch wiederholen kannst. Einige Gemeinsamkeiten (finanziell) erfolgreicher Menschen sind:

- Meditation → Indem Du morgens meditierst, beruhigst Du Deinen Geist und startest ausgeglichen und aufmerksam in den Tag.
- Selbstbeeinflussung → Nutze autosuggestive Methoden wie Affirmationen und Visualisierungen, um finanzielle Ziele zu erreichen.

- Reflektieren → Überlege Dir, anhand einer „Finanz-To-Do Liste", die Du am Vorabend erstellen solltest, wie und in welcher Reihenfolge Du Deine heutigen Aufgaben meisterst.
- Körperliche Ertüchtigung → Bringe Deinen Körper mit einigen Liegestützen, Push-Ups oder einer Runge Joggen in Schwung.
- Weiterbildung → finanziell erfolgreiche Menschen lesen morgens entsprechende Literatur.

Eine Morgenroutine sorgt für einen massiven Motivationsschub. Das Geheimnis liegt in der Erledigung aller relevanten Aufgaben, bevor die meisten Menschen überhaupt aus dem Bett kriechen!

12.3 So erhältst Du unbegrenzte Motivation

Motivationsspiralen sind genial und ein völlig unbekanntes Konzept. Es geht darum, eine Reihe extrem kleiner Tagesziele konsequent zu erreichen. Denn gerade Ziele, die sehr groß wirken, demotivieren häufig. Doch dagegen gibt es eine ganz einfache und erprobte Vorgehensweise.
Teile Deine größeren finanziellen Ziele so lange in kleinere Teil- und Tagesziele ein, bis Du Dir sicher bist, sie tagtäglich erledigen zu können. Gehe diesen Schritt mit mehreren finanziellen Zielen, sodass Du auf einem Blatt zum Beispiel 5 „Babyziele" festhältst, die Du Jeden Tag – komme was wolle – erledigst. Für größere Gesamtziele setzt Du Dir dabei zusätzlich Zeitrahmen. Das Wichtigste bei dieser unvergleichlich kraftvollen Motivationsmethode ist, immer – komme was wolle – zu tun, was Du festgelegt hast, das Du tun wirst. Stiehl Dich niemals heraus und führe jeden Punkt täglich aus.

Die positiven Auswirkungen dieser Technik sind wirklich astronomisch!

12.4 Nutze korrekte Autosuggestion

Bei Autosuggestion handelt es sich um ein Prinzip der geistigen Selbstbeeinflussung, bestehend aus Affirmationen und Visualisierungen. Sowohl Affirmationen, wiederholt gesprochene Botschaften an Dein Unterbewusstsein, als auch Visualisierungen, die Vorstellung konkreter Zielzustände, bedienen sich Deiner Vorstellungskraft. Die Vorstellungskraft wiederum ist der Willenskraft um ein Vielfaches überlegen. Die Methoden zielen darauf ab, Dein Unterbewusstsein in Geldfragen positiv zu beeinflussen. Im Unterbewusstsein entstehen alle Gedanken und Gefühle. Sie sind die entscheidenden Erfolgstreiber bzw. Erfolgsverhinderer.

Indem Du das Prinzip der konkreten und korrekten Autosuggestion mittels der Methoden Affirmation oder Visualisierung nutzt, steigt Dein Grad der Eigenverantwortung für Dein Leben. Eine besonders gute Methode mit Autosuggestion finanzielle Erfolge zu erreichen hat Napoleon Hill in seinem Buch „Denke nach und werde reich" festgehalten.

12.5 Belohne Dich

Für die Erreichung Deiner finanziellen Ziele solltest Du Dich unbedingt belohnen. Das mesolimbische System in unserem Gehirn ist unser Belohnungszentrum. Es erzeugt den Botenstoff Dopamin, der entscheidend an der Entstehung positiver Gefühle beteiligt ist. Diesen Prozess kannst und solltest Du nutzen.

Überlege Dir wie Du Dich nach der Erreichung des jeweiligen Ziels belohnen wirst. Schon während Du Dir Deine finanziellen Ziele setzt! Ich leiste mir zum Beispiel einmal im Monat ein Abendessen mit meiner Freundin in einem schicken Restaurant oder einen Kinobesuch.

13. Das Ende vom Anfang

„Es gibt Menschen, die Geld haben, und Menschen, die reich sind."
~ Coco Chanel

Herzlichen Glückwunsch! Du hast es geschafft! Du hast nun wirklich alle Weichen dafür gestellt, schon bald nicht nur massig Geld einzusparen, sondern Dir auch zunehmend mehr freie Zeit zu verschaffen.

Das Wissen aus diesem Buch wird Dir dazu verhelfen, das finanzielle Leben Deiner Träume endlich in Angriff zu nehmen. Dabei sind wir systematisch und Schritt-für-Schritt vorgegangen. Wir haben zuerst damit begonnen, das Warum zu definieren. Indem Du Dir Deiner finanziellen Ziele bewusst wirst, kannst Du einen Plan erstellen und steigerst Deine Handlungsbereitschaft. Außerdem ist das Warum einer der wesentlichen Motivationstreiber Dein finanzielles Ziel erreichen zu können.

Anschließend haben wir uns mit der Philosophie und Psychologie des Geldes auseinandergesetzt. Zwei Aspekte, die meiner Erfahrung nach in anderen „Geldsparbüchern" gar nicht erst behandelt werden. Dabei sind es aus meiner Sicht fundamentale Faktoren einer gesunden Geldbeziehung. Solange man diese Variablen nicht kennt, kann man aus meiner Sicht unmöglich langfristig finanziell frei werden.

Im vierten Kapitel haben wir uns dann den Unterschied zwischen Arm und Reich etwas genauer angesehen. Dieser ist zwar durchaus systemimmanent, geht aus meiner Sicht jedoch überwiegend aus mangelnder finanzieller Bildung bzw. Disziplin hervor. Dabei sind es lediglich zwei Grundregeln, die konsequent zu beachten sind. Gib niemals mehr aus, als Du einnimmst und investiere in Vermögen statt in Verbindlichkeiten.

In Kapitel 5 hast Du dann begonnen, mithilfe des Haushaltsbuchs Deine Haushaltslöcher zu identifizieren und einen wichtigen Erkenntnisprozess einzuleiten. Anschließend sollte es Dir anhand Deiner Daten deutlich einfacher gefallen sein, Deine Ausgaben zu planen und klare finanzielle Ziele zu definieren.

Ab Kapitel 7 haben wir uns dann konkreten, schnell wirksamen, nachhaltigen und vor allem praktikablen Spartipps und Spartools gewidmet. Mit ihrer Hilfe ist es mir gelungen, meine Ausgaben auf ein absolutes Minimum von nur 600€ zu reduzieren, ohne jeglichen Verzicht zu spüren.

Im Bonuskapitel 11 habe ich Dir dann die Buddha-Spar und Investitionsregel vorgestellt, die einen absolut genialen und extrem einfachen Weg in die finanzielle Freiheit vorzeigt. Wende sie an, und Du bist 95 % aller Menschen in finanziellen Belangen weit voraus. Abschließend habe ich Dir dann noch 5 ultimative Motivationstricks an die Hand gegeben, um sicherzugehen, dass Du Deinen Weg nicht vorzeitig verlässt.

„Geld ist besser als Armut,
wenn auch nur aus finanziellen Gründen."
~ Woody Allen

Bevor Du dieses Buch nun zuklappst, möchte ich Dir trotzdem noch etwas mit auf den Weg geben. Eine Aussage, die Du bestimmt schon des Öfteren gehört hast: „Viel Geld allein macht nicht glücklich." Diese eher philosophische Frage fasziniert und beschäftigt mich schon lange. Und es gibt eine Reihe spannender Glücksforschungen, die hier etwas Licht ins Dunkel bringen.

Wir gewöhnen uns sehr schnell an einen neuen Lebensstandard, sobald gewisse Mindestbedürfnisse befriedigt sind. Sobald wir uns an einen Zustand gewöhnt haben, verliert er seinen Reiz und wir müssen ein neues, höheres Ziel (Lebensstandard) anstreben, um dieses kurzfristige Glücksgefühl wieder auszulösen. Ähnlich verhält es sich auch mit Konsumeinkäufen. Sie „beglücken" uns zwar kurzfristig, heben unseren Lebensstandard aber langfristig an. Das macht süchtig (nach mehr). Finanzieller Minimalismus ist deshalb nicht nur eine Methode sich mehr Geld und mehr Zeit zu verschaffen. Er sorgt auch dafür, langfristig ein einfacheres Leben zu führen. Einfachheit wiederum, manche nennen dies auch Minimalismus (ich mag den Terminus „Normalismus" eigentlich lieber), ist ein wesentlicher langfristiger Glücksbaustein.

Je komplizierter das Leben, umso mehr Platz für Unwägbarkeiten und Probleme.

Genau das haben auch zahlreiche Glücks- und Hirnforscher herausgefunden. Sie untersuchten Lottogewinner aller Schichten, nachdem sie gewonnen hatten und vermeintlich alle finanziellen Sorgen los waren. Sie fanden jedoch heraus, dass ein Lottogewinn bei vielen Menschen sogar noch zu tieferer Enttäuschung führt. Der Lottogewinner muss nämlich feststellen, dass die Erfüllung seiner materiellen Wünsche nur kurzfristig glücklich macht. Langfristig ergaben sich dadurch sogar noch größere Geldschwierigkeiten (da in der Regel Verbindlichkeiten statt Vermögenswerte gekauft werden). 80 Prozent aller Lottogewinner landen bereits nach zwei Jahren wieder bei Null oder sogar in den roten Zahlen. Professor Roth, Hirnforscher, fand sogar heraus, dass die Erfüllung von Zielen nur dann glücklich macht, wenn sie unerwartet und verdient ist. Sonst empfände man die Erfüllung nicht als Belohnung - genau das ist bei Lottogewinnern der Fall. Der letzte Spartipp lautet also: „Finger weg vom Lotto", denn selbst wenn Du gewinnst, macht es Dich wahrscheinlich unglücklich!

Genau deshalb möchte ich Dich an mein brandneues Buch mit dem Titel „Nine-to-five muss nicht sein!" verweisen. Es macht dort weiter, wo dieses Buch aufhört - dem Vermögensaufbau. Gerade der Aufbau von passivem Einkommen, die nach Finanzguru Robert Kiyosaki mit Abstand beste Einkommensart, steht dabei im Fokus. Wenn Dir dieses Buch gefallen hat, dann wirst Du an diesem Titel bestimmt auch Deine Freude haben.

Ich hoffe wirklich sehr, dass Dir dieses Buch gefallen hat. Das gilt sowohl für die Hintergründe und die theoretischen Erläuterungen, als auch die praktischen Tipps und Tricks. Falls du Rückfragen, Feedback oder Hilfe brauchst, kannst Du Dich jederzeit gerne an mich wenden unter: chris@klhe-verlag.de.

Ich wünsche Dir viel Erfolg und nur das Allerbeste für Deine finanzielle Zukunft.
Herzliche Grüße
   Chris

"*Lebe deinem Einkommen entsprechend und spare, damit du investieren kannst. Eigne dir an, was du wissen musst.*"
~ *Charlie Munger*

Konntest Du etwas lernen?

Jetzt kommen wir zu dem Teil des Buches, in dem ich Dich um einen kleinen Gefallen bitte. Solltest Du es nicht bereits wissen, Rezensionen sind ein extrem wichtiger Bestandteil von Produkten. Kunden verlassen sich auf Deine Rezensionen, wenn sie Kaufentscheidungen treffen. Deine Rezensionen helfen meinen Büchern innerhalb eines schon fast überfüllten Amazon-Marktplatzes, sichtbarer zu werden.

Solltest Du Gefallen an diesem Buch und/oder es hilfreich gefunden haben, wäre ich Dir sehr dankbar für Deine Bewertung. Um eine Bewertung zu hinterlassen, klicke einfach hier (Bewertungsseite) und bewerte das Buch mit einigen kurzen Sätzen. Schreibe, was Du davon gehalten hast, was Dir ganz besonders gut gefallen hat und natürlich auch, solltest Du etwas vermisst haben.

Du kannst auch eine Bewertung auf der Amazon-Produktseite hinterlassen unter *„Geld sparen und clever reich werden"*, indem Du auf „Kundenrezension verfassen" klickst. Du wirst direkt auf die Login-Seite weitergeleitet.

Sagen Sie Ihre Meinung zu diesem Artikel

Kundenrezension verfassen >

Ich lese wirklich jede Bewertung und jedes persönliche Feedback. Das hilft mir enorm dabei, meine Bücher stetig zu verbessern. Daher wäre ich Dir sehr dankbar, wenn Du dieses Buch offen und ehrlich auf Amazon bewertest.

Vielen herzlichen Dank für Deine Unterstützung und nur die besten Wünsche
Chris

Über den Autor

Christopher Klein wurde 1987 in Landau an der Isar in Bayern geboren. Während seines Studiums der Volks- und Betriebswirtschaftslehre verfasste er, im Alter von 26 Jahren, seine ersten beiden Bestseller „Tag auf Tag im Hamsterrad" sowie „Der Hamster verlässt das Rad". Sein jüngstes Buch „Geld sparen und clever reich werden" aus dem Jahre 2016 erreichte ebenfalls Bestsellerstatus. Der Autor, immer offen für Feedback und Rückfragen, kann über die E-Mail-Adresse: chris@klhe-verlag.de erreicht werden.

Die Bücher von Christopher Klein sind erhältlich auf:
https://www.amazon.de/-/e/B00LPWD4VY

Danksagung

Wenn ein Buch erscheint, steht fast immer der Autor im Mittelpunkt. Tolles Feedback und Leserzuschriften landen ausschließlich in meinem Postfach, obwohl viele andere Personen entscheidend an der Entstehung mitgewirkt haben. Ob als Ideengeber, Lektoren, Testleser oder Designer, ein Buch wäre ohne diese Menschen eine doppelte Herkulesaufgabe. Das war auch dieses Mal der Fall. Ohne die Hilfe meiner Eltern, die geduldig lektoriert und korrekturgelesen haben, wäre dieses Buch nicht halb so vollkommen. Nicht oft genug bedanken kann ich mich für ihr Vertrauen in mich, meine Fähigkeiten und darin, meinen ganz eigenen Weg zu gehen. Wieder und wieder, Danke! Meine Freundin, Luisa, hat eine einzigartige Gabe. Sie ermuntert mich immer wieder, weiterzumachen, wenn ich am liebsten das Handtuch werfen würde. Andi, Basti und Matthias verdienen ein Lob als treue Testleser und Lektoren. Jens, Co-Autor bei einigen vorherigen Titeln, war ebenfalls wertvoller Ideengeber und besonders beim Buchlaunch eine große Unterstützung. Stefan ist der beste Designer, den man sich wünschen kann. Er wartet stets mit innovativen Ideen auf und überrascht mich mit seinen sensationellen Coverdesigns doch immer wieder. Vielen Dank für Eure treue Unterstützung!

Haftungsausschluss und Angaben nach §34b WpHG

Die Benutzung dieses Buches und die Umsetzung der darin enthaltenen Informationen erfolgt ausdrücklich auf eigenes Risiko. Dieses Buch kann eine Anleitung für mögliche Erfolgsstrategien sein, ist jedoch keine Garantie für Erfolge und basiert ausschließlich auf der persönlichen Meinung des Autors. Der Autor und der Herausgeber übernehmen daher keine Verantwortung für das Nicht-Erreichen der im Buch beschriebenen Ziele. Haftungsansprüche gegen den Verlag und den Autor für Schäden materieller oder ideeller Art, die durch die Nutzung oder Nichtnutzung der Informationen bzw. durch die Nutzung fehlerhafter und/oder unvollständiger Informationen verursacht wurden, sind grundsätzlich ausgeschlossen. Rechts- und Schadenersatzansprüche sind daher ausgeschlossen. Das Werk inklusive aller Inhalte wurde unter größter Sorgfalt erarbeitet. Der Verlag und der Autor übernehmen jedoch keine Gewähr für die Aktualität, Korrektheit, Vollständigkeit und Qualität der bereitgestellten Informationen. Druckfehler und Falschinformationen können nicht vollständig ausgeschlossen werden. Der Verlag und auch der Autor übernehmen keine Haftung für die Aktualität, Richtigkeit und Vollständigkeit der Inhalte des Buches, ebenso nicht für Druckfehler. Es kann keine juristische Verantwortung sowie Haftung in irgendeiner Form für fehlerhafte Angaben und daraus entstandenen Folgen vom Verlag bzw. Autor übernommen werden. Für die Inhalte von den in diesem Buch abgedruckten Internetseiten sind ausschließlich die Betreiber der jeweiligen Internetseiten verantwortlich. Der Verlag und der Autor haben keinen Einfluss auf Gestaltung und Inhalte fremder Internetseiten. Verlag und Autor distanzieren sich daher von allen fremden Inhalten. Zum Zeitpunkt der Verwendung waren keinerlei illegalen Inhalte auf den Webseiten vorhanden. Gehandelte Aktien, ETFs, P2P-Kredite und Fonds sind immer mit Risiken behaftet. Alle Texte sowie die Hinweise und Informationen stellen keine Anlageberatung oder Empfehlung dar. Sie wurden nach bestem Wissen und Gewissen aus öffentlich zugänglichen Quellen übernommen. Alle zur Verfügung gestellten Informationen (alle Gedanken, Prognosen, Kommentare, Hinweise, Ratschläge etc.) dienen allein der Bildung und der privaten Unterhaltung. Eine Haftung für die Richtigkeit kann in jedem Einzelfall trotzdem nicht übernommen werden. Sollten die Besucher dieser Seite sich die angebotenen Inhalte zu eigen machen oder etwaigen Ratschlägen folgen, so handeln sie eigenverantwortlich.

Printed in Germany
by Amazon Distribution
GmbH, Leipzig